I0716640

# 最后的梦露

The Last Marilyn Monroe

*中篇小说*

胡桃 著

Long Publishing Corp.

# 最后的梦露

胡桃 著

编辑校对：谢榕津
封面封底艺术作品：石村
封面封底摄影：Tyron Shi
排版设计：吴言

美国龙出版社 2025 年 1 月第一版发行
版权所有，翻印必究
出版人：Sonia Hu
版次：美国印刷第一版
国际书号：978-1-953903-16-7
定价：$20 USD

**美国龙出版社，纽约州注册成立**
**旨在帮助中文作者在美国出版发行文化艺术类书籍**

**网站：www.longpublisher.com**

*SONIA HU*

胡桃，笔名纽约桃花，作家及电影人。她曾为中国中央电视台、美国 CBS 电视网与 MTV 音乐电视台担任助理节目编导及制片。 自 2015 年以来，胡桃在美国、中国、台湾及东南亚的中文杂志及报纸上发表非虚构文章、诗歌和小说，多次获得文学奖的首奖和优秀奖。她所撰写的家族历史传记《上海浮生若梦》(再版为《浮生上海》)及非虚构文集《往事经年流水梦》分别在 2022 年获得首届海外华人影视文学优秀创意奖，2023 年获得海外华文著述奖新闻报道首奖。 2024 年 11 月，她制作的短篇纪录片《From Stone to Stone》获得柏林独立电影节获最佳短片导演奖。

Long Publishing Corp.

**最后的梦露** CONTENT

# 爱是选择

# 最后的梦露

《最后的梦露》是一篇根据真实的艺术作品虚构的中篇小说，围绕着一幅具有独特视觉语言的油画《最后的梦露》展开，讲述了一个寻找爱与生命意义的故事。

来自中国大陆，在纽约从事投资工作的李莎热爱艺术。为了把她喜爱的艺术作品放进博物馆让公众欣赏，李莎与亲朋好友们策划了一个将画“偷”放进博物馆的冒险行为。没想到，这幅作品意外爆红，让大家担忧失去自己的工作和名誉，于是决定再把画“偷”出博物馆。

在纽约大都市的宏大背景下，小说展示了每个角色之间的情感纠葛与人生梦想。随着故事的发展，隐藏在《最后的梦露》背后的各种秘密逐渐明朗：一位创造出全新艺术语言的老艺术家为何选择隐居，一群跨种族和文化的朋友如何通过一件不可能完成的任务，重新发现爱与生命的意义。

遇见是缘分，爱却是选择。人生注定充满困难与挑战，只有选择爱，我们才有勇气走过生命的幽谷，触摸到灵魂之光带来的温暖。

# 大都会艺术博物馆

夜晚的纽约大都会艺术博物馆一片寂静，沉重的脚步声响起，几个幢幢黑影小心翼翼地抬着一个沉重的物件。突然，警铃响起，在寂静的大都会博物馆里显得如此震耳欲聋，让几个抬着一幅油画的人吓了一跳。幽暗中，我们看不清这几个黑影的脸，但感觉到他们明显低被警铃声吓倒，一瞬间似乎不知道怎么办了。

“糟了！”乔纳森说道，他是博物馆的工作人员，此时此刻，他本能地松了手，让边上抬着画的一个人被突如其来的画作沉重地拽了一下，踉跄地几乎摔倒。

“他妈的！”那个人气冲冲地说。微弱的灯光中，我们看清那张脸是詹姆斯，大都会博物馆当代艺术行政部总监助理。

“肯定是意外碰到了红外线了！”有人低声说。这时，几个人都被警铃声吓倒。一个个面色仓皇地交换着眼神，仿佛在说怎么办。一个本来很圆满的计划，应该是天衣无缝的，怎么此时此刻居然出了这么大的问题，大家吓得不轻，都不知道该怎么办了，完全是一副被抓赃在手的表情。

最紧张的是詹姆斯，这个事件的总策划。此时此刻，他的紧张不是因为自己，而是因为其他人，这些都是他的好哥们，现在居然成了偷大都会博物馆艺术品的窃贼，他怎么向大家交代。此时此刻，他恨不得立马有一件隐身衣，将大家遮盖起来，或者，他可以变成外星人，用什么手段将他们这些人都变到火星去。

紧张而轰鸣的音乐在詹姆斯的头脑里回旋起来，仿佛将他带入一个时空的隧道，闪回到几个月前，那时，他完全是另一个人，一个循规蹈矩、不敢越雷池一步，一心只想保住令人羡慕、自己也很得意的大都会博物馆工作的白领啊。

# 第一章 布鲁克林初遇

## 一、一幅耐人寻味的画作

在纽约布鲁克林的一家宽敞开阔的旧厂房改造的画廊开幕展中，李莎正漫不经心地穿梭在乌泱泱的宾客中，随意浏览着墙上的各种油画作品。这是布鲁克林地区常见的用旧厂房改造出来的开放式画廊，这是一家独立的非盈利机构专门提供展厅给独立艺术策展人，展出具有创意的当代艺术家的艺术作品。李莎大约三十五六岁，一身纽约华尔街白领的黑色裙装打扮，拎着黑色典雅却看不到品牌的皮包，脖子上一条色彩稍微鲜艳的梵高作品丝巾是唯一可以透露出她个性的地方。

突然，一面墙上一幅很大的作品吸引住她游曳的目光。

李莎盯着眼前的这幅画，似乎无法挪动她的脚步。这是一幅玛丽莲·梦露的油画肖像，比真人还高，面带微笑向前直视。

穿过人群的视线，可以看到李莎仰头站在玛丽莲·梦露的画作前，一动不动地注视着比她高一大截的画像。玛丽莲·梦露的微笑如此神秘，有点像蒙娜丽莎的笑意。镜头缓缓摇向梦露的脸，我们看到色彩鲜艳的脸部开始出现一块块油彩组成的方块块，犹如一片光怪陆离的彩色海洋。

这不是一般的油画，而是充满彩色块块的油画，近看全是凹凸有致的，像中国书法一样的彩色方块，边角上还有毛笔勾出似的油彩尖尖，鳞次栉比，连绵不断。往后慢慢退得远些再看时，一幅色彩鲜艳的玛丽莲·梦露的半身像逐渐清晰。这个过程有点像眼睛聚焦的过程，往后退得越远，眼前的形象越清晰。退到一定的距离，观者会恍然大悟，原来这一块块方形的油彩块组成的图像是雍容华贵的偶像玛丽莲·梦露。虽然，这幅油画是由块状的油画色彩组成，但却像照片一样逼真：迷人的长睫毛、半眯的眼睛、鲜艳的红唇，脸上带着一丝若有若无的微笑，弥漫着一种说不出来的迷茫，仿佛梦露就站在眼前复活了，向李莎诉说着她内心深处的彷徨苦闷。

李莎震惊了，在那一瞬间，她仿佛看到了一个熟悉的画面渐渐在记忆中浮现。那是她已逝的上海外婆爱丽莎，上世纪四十年代在上海 Sam Sanzetti 照像馆的一张上色照片。年轻漂亮的外婆摆着芭蕾舞娘的姿态，涂着红唇，二分之一的俄罗斯犹太血统的漂亮双眸中闪烁着青春的光芒，脸上带着也是这样一丝若有若无的微笑。

爱丽莎已逝去多年，李莎也很少想到记忆深处的老照片。然而此时此刻的梦露却勾起了她少年时的回忆，让她惊叹之余，心里忽然被一种说不出的情绪笼罩。她觉得很多的往事仿佛穿越时光纷至沓来，涌进她思绪纷乱的头脑。

“Lisha”，一个浑厚的男低音在她身后响起，李莎的男友詹姆斯端着两杯红酒过来。他一边把一杯递给李莎一边说：“这个画廊整体感觉不错，但红酒却不怎么样，都是 party wine！”

三十多岁的詹姆斯除了浅棕色的短发外，也是一身黑色，黑色的体恤，黑色的长裤，手腕上是黑色的苹果手表。他正要把手上的一杯红酒递给李莎，但李莎仿佛没有听到他的话音似的，依旧全神贯注的凝视者面前的这幅画。詹姆斯顺着李莎的目光看向墙上的作品，也吓了一跳。

“哇，这种非盈利画廊居然有这么一幅像样的作品，太令人震惊了！”他惊叹地说。

“你不觉得这张油画很气派，比安迪沃霍尔的玛丽莲·梦露好很多吗！”李莎说：“我太喜欢了，我要买下来！”

詹姆斯吓了一跳说：“这么大的画，你的公寓放得下吗？”

李莎说：“客厅靠阳台有一面大一点的墙面，应该可以放。”

看完画展，李莎挽着詹姆斯的手臂走近附近的一家日式餐馆，准备吃点东西。

在餐馆酒吧昏暗的霓虹灯下，詹姆斯环抱住女友，似乎要给她一个吻。李莎将头微微后倾，问詹姆斯：“你觉得那幅画如何？”

詹姆斯有点莫名其妙地说：“我觉得挺不错，让人过目不忘啊。”

李莎微笑起来：“我决定买下来！”

詹姆斯一本正经地提议说：“你对画家本身一点都不了解，对这张画的背景也不清楚。就是想买，也要从画廊了解一下背景吧。”

“你有没有一见如故或者一见钟情的感觉？”李莎问。

詹姆斯迟疑地摇头说：“我见到你的第一眼就喜欢上你，这种触电的感觉大概就是一见钟情吧。”

李莎大笑：“可怜的詹姆斯，你都不能确定自己的灵魂是否真正活过啊！”

詹姆斯不知道该说什么。与李莎交往了一年多了，他根本就无法了解这个聪明的女孩子满脑子天天都在想什么。

## 二、一见钟情

詹姆斯第一次见到李莎是在他工作的纽约曼哈顿大都会博物馆的展厅中。当时，他正匆匆从印象派展厅走过，一个东方女子温文尔雅拦住他，询问如何去正在展出的关于中国隐居文化艺术的《幽居有伴》展。詹姆斯看到李莎时眼睛一亮，感觉似曾相识，而这种感觉并不是每次遇到女性都会有的。詹姆斯停下脚步回头看李莎时，偷偷端详着她的模样。看上去，她与曼哈顿的其他东方女性不同的一点就是，她没有穿名牌服饰或者名牌包，而是在右肩上挎了大都会博物馆发行的一款黑色的艺术帆布包，一身轻松的休闲装，脚上一双黑色的耐克运动鞋。李莎画着淡妆，没有鲜艳的口红和夸张的假睫毛，讲话也和蔼优雅。詹姆斯以前交往过几个东方女友，对她们一贯咄咄逼人的那种 dragon lady 的感觉很熟悉。而李莎似乎并没有这样，她给人的感觉淡雅舒适，讲话也彬彬有礼，英文带着纽约当地的语调，如果不仔细听，基本听不出非本土英文人士常有的发音。

詹姆斯对李莎说：“我带你一起去，反正我的办公室在那边。”其实，他的办公室并不在李莎要去的方向，他只是为了与李莎多呆一会儿而随意想出来的借口。

李莎不好意思地说：“我以为你是展厅的工作人员，所以问路。你不用带我去，我自己知道方向就可以找到了。”

“没关系”，詹姆斯说：“不是每天都会遇到一个美女问路的！”话音刚落，他不禁为自己的唐突感到难堪。明摆着，这很像一个勾搭女孩子的套话，但詹姆斯却真的这样想的。并不是每天都可以遇到让你心仪的女孩，这是他的意思，但话到嘴边，他却改成了美女，真话岂不让对方更难堪。

果真，李莎皱了一下眉头说：“你常常都是这样与女性搭讪吗？”

詹姆斯慌忙解释说：“不是啊，我工作忙，很少到展厅里来，因此很少与人搭讪，更不要说一个美女了。”话音刚落，他又慌忙地补充说：“对不起，我不是有意的，但我觉得与你似乎认识。”

李莎爽朗地笑了：“哈哈，你的意思是我们有缘！我们中国人常说的有缘是命运使然的意思，翻成英文感觉很corny。”

詹姆斯也笑了，心情顿时放松下来。他与李莎边走边聊，感觉李莎讲的话都很有意思。

自从詹姆斯与李莎认识以来，他看了不少灵魂、哲学和心理方面的书籍，基本上都是李莎推荐的，因此，对缘分和命运的认识更加深刻。他发觉自己慢慢地爱上了这个有时候给人感觉很神秘的女子，每天都想与她见面，每次见面都舍不得分手。

认识后的第一个春天，詹姆斯约李莎去中央公园玩，当他和李莎坐在公园的长椅上看着不远处公园的樱花飘落时，他跟李莎说：“我爱上你了！”

李莎转头看他，眼神明媚。詹姆斯仿佛看到了李莎眼眸中的樱花倒影，他禁不住低头吻李莎，李莎并没有回吻，却也没有躲避，而是沉静地接受着这个突如其来的吻。

詹姆斯有些尴尬，不知道说什么好。

李莎望着詹姆斯说：“我很喜欢你，但是……”

詹姆斯听到但是一词，心里咯噔一声，脸上的神情透露出一丝沮丧感。

李莎看在眼里说：“爱是一个很重的词，里面带有强烈的责任感。如果你感觉不到这个承担，请不要轻易说爱。”

这回轮到詹姆斯惊讶了，他误会地问：“你是说婚姻吗？”

李莎摇头说：“婚姻只是一个形式，但爱本身却是一个至关重要的感觉，这个感觉可以让你付出一切。很多人都忙着走婚姻的形式，而没有真正地明白爱。其实，爱本身贯穿着很多内涵，家族、历史等等。我给你讲一个我外祖母的故事吧。”

## 三、老上海往事

李莎的外祖母爱丽莎的家族在20世纪30年代前往上海之前，是生活在俄国的犹太人。布尔什维克革命的风暴席卷整个俄国，他们被迫离开故土，开始了一段充满未知与艰辛的旅程。在20年代，这个家族从西伯利亚跋涉到中国东北，在哈尔滨定居了一段时间。哈尔滨当时是一个繁荣的多民族城市，吸引了大批从俄国逃离的犹太移民。然而，动荡的局势迫使他们继续南下，最终选择了上海作为落脚点。

那时的上海是一座国际化的大都市，容纳了来自世界各地的难民和移民。爱丽莎的家族成为了两万多俄国侨民中的一员，而这些俄国人中有四分之一是犹太人。他们在这座城市里形成了自己的社区，建立了完整的社会和文化生态：犹太人会堂高耸入云，犹太报纸在街头巷尾传阅，医院和慈善机构帮助同胞渡过难关。尽管远离故土，他们依然保留了自己的传统和信仰，在上海这片陌生而包容的土地上建立了充满新希望的“第二故乡”。

爱丽莎 1930 年出生在上海，他的父亲是俄国犹太人，在一家犹太教会医院当主治医生，而母亲则是上海本地人，在同样一家医院做护士长，一家人住在上海法租界里。

爱丽莎从小在上海的法租界长大，生活在一个既传统又充满国际化色彩的环境中。她的父母十分重视教育，尽管家族经历了颠沛流离的岁月，但他们依然努力让爱丽莎接受良好的学业培养。她被送入法国公学学习，这所学校是当时上海顶尖的教育机构之一，拥有严谨的课程设置和浓厚的艺术氛围。在这里，爱丽莎第一次接触到西方经典艺术，也因此燃起了对绘画的浓厚兴趣。

她最喜欢做的事情就是带着自己的素描本和铅笔，漫步在上海那些充满风情的小巷和街头，记录城市的日常景象。从外滩沿线的繁华商业区到法租界幽静的林荫道，她用笔捕捉着这一切：街边熙熙攘攘的小摊贩、斑驳阳光洒落的石库门弄堂、还有偶尔擦肩而过的黄包车夫。对爱丽莎来说，这是她与这座城市建立深厚情感的方式。

在学校的课堂上，爱丽莎的艺术才华逐渐被老师和同学们所认可。美术老师常常夸赞她独特的视角和敏锐的观察力，而她的同学们也时常围在她的画板前，对她笔下的街景发出赞叹。爱丽莎的作品展现了她对上海这座城市的深厚感情和当地生活的细腻捕捉，让她在艺术中找到了精神归宿。

高中毕业时，爱丽莎在茂名南路的一个犹太人开办的 Sam Sanzetti 照像馆拍摄了一张绝美的头像，被照相馆放在橱窗里好长一段时间。这张照片被一位在上海圣约翰大学读书的莫先生看到，惊为天人。莫先生从照相馆那里得知了爱丽莎的家庭地址，写了一封英文信，邀请她和女友一起去参加圣约翰大学举办的圣诞舞会。

爱丽莎在舞会上看到英俊潇洒，舞姿倜傥的莫先生，禁不住情窦初开，坠入爱河。他们瞒着父母偷偷进行了长达一年的恋爱，常常漫步在上海租界的大街小巷，一起去看电影，吃冰棒，去百乐门跳舞，到处都留下了爱情的足迹。

爱丽莎的父母起初反对她与莫先生的恋情，因为他们觉得迟早要离开上海，希望女儿可以找一个犹太男孩，到离开上海时大家就可以一起走。但沉迷在爱情中的爱丽莎绝对无法听进父亲的话。她对母亲说："你当时选择嫁给一个犹太人，不也是遭到你父母的反对嘛！"言外之意，我嫁人的选择也不会听你的。

爱丽莎的母亲只好说服她的父亲，把女儿嫁给莫先生，说莫先生准备在毕业后去美国深造，会带爱丽莎一起去。爱丽莎的父亲了解到莫先生出生在上海一个家境很好的人家，大学毕业后，又打算前往美国深造，这才同意女儿嫁给莫先生。

1949 年夏天，爱丽莎与从圣约翰毕业的莫先生在上海举行了盛大的婚礼。爱丽莎原来打算跟着在大学教书的先生秋天去美国读书，却突然发现自己怀孕了，只好取消行程，留在了上海待产。

就是那年夏天，共产党战胜了国民党，占领了上海。爱丽莎对外面世界发生的事情并未注意，她好长时间都沉浸在自己的怀孕生子这件人生大事上。她的孩子出生后不幸夭折，使她沉沦在伤痛的情感中不能自拔。待到她从悲哀中慢慢缓过来时，上海早已发生了惊人的变化。很多教会学校和医院的教职员工都撤离了上海，爱丽莎的父母和家族亲戚们也准备一起离开上海，他们力劝爱丽莎夫妻也一起走。然而，已经在上海一所大学教书的莫先生却不想离开他的父母和上海的工作。在去与留的选择中，爱丽莎选择了留下与先生在一起。1952 年，爱丽莎的父母与她的哥哥及弟弟一家人挥泪与爱丽莎告别。临走前，爱丽莎的母亲一再叮咛莫先生，继续申请去美国读书，他们一家在美国再见。谁想到，不久后中美断交，国门也彻底关上了，她与莫先生永远失去了离开的机会。50 年代的上海处在新旧社会的交替之时，虽然上海外滩的建筑依旧，但随着三反五反运动的开展，教会的拆除，以及苏联模式的建立，上海已经不再是爱丽莎从小到大所熟悉的无忧无虑的上海，而是一个需要小心翼翼适应的新世界。幸运的是，爱丽莎考入了上海的一所师范大学，毕业后分配到一所中学教书。1958 年，随着爱丽莎大女儿莫华的出生，爱丽莎彻底打消了出国与父母家人团聚的念头，将所有的爱聚集在自己的孩子身上。1967 年，小女儿莫莉出生，一家四口在时代的洪流中，谨慎地过着自己的小日子。

可怕的打击在 1969 年降临在莫先生身上。那年年底，担任教授职位的莫先生因不堪忍受政治运动的折磨而自杀身亡，剩下爱丽莎和两个女儿相依为命。莫先生的过世成为了爱丽莎一生的隐痛，一度让她痛不欲生。

1977 年，中国恢复高考，莫华报名参加了这场改变命运的考试，考上了北京的一所大学，毕业后留在北京工作，与单位里的一位毕业于中央美术学院的美工结婚。80 年代，中国进入改革开放时期，懂法语的爱丽莎重新担任了法语教师。90 年代初，大龄产子的莫华生了女儿李莎后，爱丽莎又去北京帮大女儿带孩子。

这时，爱丽莎才从美国回国探亲的的兄弟那里得知，父母已相继去世，他们去世前一直都念叨着爱丽莎，唯有的梦想就是此生与爱女再见一面。

爱丽莎听了，潸然泪下，决定不再去美国。当初，她是想与莫先生一起去，如今，莫先生和父母都不在了，她已孑然一身，上海就是她的归宿了。

李莎去美国留学前，从小把她带大的外祖母爱丽莎跟孙女说："你还年轻，可以重新选择生命的道路。记住，爱就是选择，就是责任，要对自己生命中最重要的人负责。我一生最遗憾的就是没能在父母面前尽一点孝心。她的声音微微哽咽，仿佛陷入了深深的自责和遗憾。"当年我选择留下，不是因为不爱他们，而是因为莫先生需要我。可有时候，选择意味着放弃，意味着承受放弃的后果。"

李莎拥抱外祖母说：放心，我这一生，要么不结婚，要么就只会因爱而结婚。

此次一别，竟成了李莎与外婆的最后一面。几年后，爱丽莎突然离世，而此时的李莎正处于工作签证转绿卡的关键阶段，无法回国奔丧。她只能隔着重洋，在心底默默哀悼外婆的离去。这种未能送别至亲的遗憾，像一道隐秘的伤口，随着时间的流逝愈发深刻。爱丽莎的音容笑貌与往昔点滴，时常在夜深人静时浮现脑海，化作一种无法释怀的思念。

这份思念逐渐成为李莎追寻外婆过往历史的执念，如同一根缠绕灵魂的丝线，牵引着她不断回顾外婆的故事，却又在每次回忆中感到内心被无形的空缺所啃噬。那种未竟的告别与未解的心结，犹如潜伏的暗潮，悄无声息地冲击着她的内心深处，让她的灵魂始终无法平静，仿佛总在等待着某种方式来完成未竟的告别。

《最后的梦露》的出现，就像一道温暖的光穿透了李莎内心深藏的阴霾，驱散了徘徊已久的孤寂与迷茫。如果说，李莎在等待一个与爱丽莎再次相见的方式，那么《最后的梦露》正是一把钥匙，悄然打开了那扇通往灵魂深处的门，她觉得自己与外婆的灵魂再次接触。

凝视着画中的梦露，李莎仿佛感到了爱丽莎爱的能量，跨越了时间与空间，与她再次紧紧相连。那些未曾说出口的思念与遗憾，终于找到了回应的寄托。这是一种“众里寻他千百度。蓦然回首，那人却在，灯火阑珊处”的奇妙感受，通过画作展现的抽象色彩块与具象的形象传递到她心灵的深处。李莎觉得，这幅画的使命就是来唤醒她，让她明白爱丽莎在她心目中所代表的爱、勇气和信心的力量，让她看到命运最终的召唤。

## 四、詹姆斯·史密斯

傍晚的 Dumbo 街头依然繁忙，打扮前卫的年轻人，墙上的涂鸦壁画都在散发着 Dumbo 特有的艺术光芒。餐厅门口，一位街头音乐家正在弹吉他，悠扬的曲调中弥漫着一种迷惘情绪环绕四周，与夜色和灯火融为一体。

李莎对爱丽莎过往生活的描述，让詹姆斯产生了极大的共鸣。他告诉李莎，他的祖父是一个很成功的商人，曾经在四十年代远赴中国的上海经商，那个时代的上海是东西方文化交汇的东方明珠，也是冒险家的乐园。祖父在上海生活了几年，在日记中详细记录了他对这座城市的迷恋——从繁华的外滩到法租界的咖啡馆，再到小巷深处的古董店铺，他从进出口生意中不仅赚取了财富，还收藏了一批中国古董，包括精致的青花瓷、雕花木屏风，以及来自中国书画家的作品。1949 年，共产党占领了中国，所有的美国商人都离开了，詹姆斯的祖父也不得不告别了他心中热爱的上海，以后再也没有机会回去过。

詹姆斯出生在纽约近郊富裕的 Westchester 地区，从小生活优渥，但他的兴趣却并不在家族生意上，而是在那些摆放在祖父家和自己家中客厅和书房里的中国古董上。他对它们充满好奇，总喜欢缠着祖父，让他讲述上海的故事。祖父的日记里描绘的中国成了他童年心中向往的乌托邦。

祖父去世后，詹姆斯心心念念地想去中国留学。大学二年级时，詹姆斯选择休学一年的 Gap Year（间隔年），去中国旅行，探索他祖父曾经走过的足迹。他去了很多地方后，最终来到了上海。然而，当他站在上海的外滩，眺望黄浦江对岸陆家嘴高楼大厦组成的辉煌天际线时，却感到一丝失落。这个现代化的都市，已经与祖父日记中的“东方巴黎”相去甚远。他又去了陆家嘴那边，眺望外滩这边的光景，更是失望。曾经在三四十年代的老照片中看到的外滩如今在上海日新月异的新建筑中已经萎缩，成为背景中高楼大厦前的一排矮小的建筑，曾经的老上海气派早已消失殆尽，连同他祖父曾经描述过的在上海扎根的野心与梦想。

多年来，詹姆斯的中国情结一直埋藏在心底，随着时间的流失渐渐淡忘。然而，命运的转折出现在他遇见李莎的那一刻。李莎讲述的一切都让他联想到祖父日记中的中国。她对艺术的热爱，她的祖母爱丽莎的故事，迅速唤醒了沉睡在他记忆中的情结，仿佛为他打开了一扇通向过往的门。

詹姆斯对李莎说："虽然我们认识的时间不长，但你让我感到一种难以形容的归属感，好像我们的相遇是被冥冥中注定的。你让我看到了我从小向往的想象中的上海，儿时在我眼中冰冷的古董也忽然活了起来，成为了祖父讲述的故事中的风土人情。"

李莎听了，禁不住感叹缘分这个词。她深信海灵格的家族系统排列理论，认为家族的基因遗传和命运牵引会跨越三代，深刻影响后人。詹姆斯的祖父曾在四十年代的上海经商，而她自己的祖母爱丽莎也在同一时期生活于这座城市，这是什么样的一种缘分啊。尽管，两人祖辈的生活轨迹未曾交集，或许有过但他们无从得知，他们年轻时都曾在那个被誉为"东方巴黎"的城市追寻梦想，体验了时代变迁带给他们命运的改变。上海这座以往的"东方巴黎"，今天的"魔都"，居然是连接他们从祖辈到今天的命运驿站。

他们俩的这番对话，让两个人之间的情感无形中又加深了一步，尽管看不见摸不着，但两人却感到了内心的火正在一点点升温。

李莎原来面对着詹姆斯而坐，现在，她坐到詹姆斯的旁边，詹姆斯也顺手搂住她的肩头。李莎把手机里的几张照片给詹姆斯看。

李莎："这是爱丽莎画的几张小画，我出国时外婆送给我留做纪念。如今，这是她仅存的遗作。"

照片上，有一张爱丽莎的素描自画像，还有几张上海街景的水彩画，都非常具有那个时代的复古气息。詹姆斯凝视着那几张上海街景的照片，心里思忖着祖父当年生活的上海是否就是画中描述的那样。

李莎感叹着："你知道《最后的梦露》那幅画让我想起了我的外祖母爱丽莎，尤其是表面神情的美丽，遮掩了骨子里黯然伤神的神态。人生真有意思，我没有想到这家画廊居然有这么一张伟大的作品，还居然被我看到，你有没有这种感觉，有时候，当你第一次听一首歌曲，看一张作品时，却像似曾相识，一见如故？"

詹姆斯笑了："有啊，我第一次看见你是就有这种感觉，好像我们认识了很久。"

李莎嗔笑："你说的是对人，我说的可是艺术，只有好的艺术才有这样的吸引力啊！"

詹姆斯喝着酒杯中的红酒，眼睛热辣辣地注视着李莎。此刻，他无法形容自己内心的感觉。今天的谈话，让他深深地了解了俩人之间看不见的缘分，他忽然有一种彻骨的爱意弥漫全身。他恨不得用目光将李莎融化掉。他禁不住说："美人也可以有这样的魅力。"此时此刻，李莎就是他眼中的一切。

李莎认真地说："很多时候，灵魂再来时，会通过一首歌曲，一张画，甚至一件事来告诉你，在哪个时刻，你瞬间明白了前世在今生被唤醒。我觉得那幅画就是对我灵魂的唤醒。"

詹姆斯顿然说："我明白了，当初我在大都会博物馆对你一见钟情的感觉就是这样。你就是那个注定要来唤醒我的人！"

李莎轻轻地推了詹姆斯一把说："我跟你说正经事儿呢。我之所以决定把那幅作品买下来，再贵都行，就是因为我感受到了这幅画的能量场。还有，这幅画的艺术语言风格独特，用一块块的油画色彩像写书法一样，组合成玛丽莲·梦露的肖像，近看非常抽象，远看却是具象的，远近相隔产生的视觉冲击力让人感到很震撼。我看过这么多的艺术作品，这位艺术家的作品就像那些了不起大师作品一样让人难忘。"

詹姆斯感叹着："我觉得那幅画确实画出了玛丽莲·梦露内心深处的忧郁。梦露的母亲和亲戚都患有忧郁症，到了梦露的后期，这种精神忧郁感觉也很强烈。"

李莎深表赞同："因为她一直没有得到精神的认同。像她这样一出道就被打造成艳星，香艳性感的外表让所有男人都对她垂涎三尺，没人再愿意花时间去了解她是谁。她是一个喜欢文学，有才华，能创作的人，却偏偏被誉为性感偶像，那种外在与内心的精神落差摧毁了她。我小姨莫莉曾经写过一篇关于玛丽莲·梦露的文章说'其实生活中的梦露与任何漂亮女人都一样，内心有着强烈的缺乏安全感，来自她不幸的童年，坎坷的身世，来自她对感情的依恋，以及对男人的梦想，也来自好莱坞这样的美女明星成群，相互竞争青春的梦工场。这样的女人是长不大的孩子，是魔鬼与天使的结合体。她犹如一个成熟的蜜桃，在极其灿烂迷人的外表下，却是一个极其缺乏安全感的孩子，永远在追寻着男人们对她的肯定和价值的认可'。"

詹姆斯正要说什么，李莎突然情绪感伤地接着说："你能想象一个小女孩因为母亲进入精神病院，没人照顾，一直被十几个家庭辗转收养，一直没有母爱。她有一次叫了养母一声妈妈后被那个'妈妈'很严厉的呵斥道：'你比谁都更明白，我不是你的妈妈！’”

詹姆斯语调沉重：“是啊，想想都令人难过。比电影《人工智能》中的那个到处问‘你是我妈吗？’的小机器人还要伤心。当初她看上剧作家阿瑟米勒 Arthur Miller 的才华才嫁给他，但没想到 Miller 只不过想利用梦露的明星身份罢了。包括后来她的秘密情人，美国总统肯尼迪也想利用她，根本无法给她追求的所谓真爱。最后，她的死除了药物和谋杀嫌疑之外，我看更多是死于心碎。”

李莎感叹：“詹姆斯，没想到你对梦露还真了解呢！”

詹姆斯：“我喜欢看电影，梦露是我喜欢的演员之一。我在大学时，有一段时间把梦露所有的电影都看了，当然其他很多美国 classic 电影都是我的最爱。”

李莎惊讶道：“我和我小姨都喜欢梦露，刚到纽约时，小姨说，了解美国的最好方式就是看电影。我记得住在她公寓时，我们每天都看老电影，包括梦露所有的电影在内，几乎看了百部老电影，最喜欢的就是《北非谍影》。”

詹姆斯：“说实在，你若买那幅画，我也要出一半钱来资助你，算是入股吧！”

李莎白了他一眼揶揄道：“难道你想通过这一半钱入股我的家族，不行，不行，太便宜了！”

詹姆斯：“你太聪明了，我真想成为你的莫先生啊。”

李莎边笑边说：“但我不是爱丽莎，我的莫先生需要更勇敢坚强，更对爱负责！”

詹姆斯忽然走到李莎身边，单膝跪下说：“李莎，我从见到你第一眼就爱上你，如今已是非你莫娶，你愿意嫁给我吗？”

李莎收拢笑意，拉起詹姆斯说：“这不是开玩笑的事情啊！”

詹姆斯脸上表情有些受伤：“我没有开玩笑。”

李莎：“中国人说，水到才能渠成，我们要等水到才行。”

詹姆斯似懂非懂地看着李莎，似乎在琢磨她的意思。

忽然，一阵感伤的音乐传来，吸引住李莎的目光。她对詹姆斯说：这首曲子让我想起小时候，外婆爱丽莎喜欢的曲子，都是江南的那种难言的缠绵和哀伤。

詹姆斯：“老听你说江南，什么是江南？”

李莎笑了，逗詹姆斯说：“唐诗宋词的江南有点像我们说的武林高中的江湖，都是一种感觉！”

詹姆斯有点晕头，难道说江南和江湖都是一种境界，一种可望而不可及存在感，只能言喻不可言传。

李莎笑着换了话题说：“哎，詹姆斯，我这几天下班要再去你们大都会博物馆参观一下，就是想看看，我买的这幅梦露绝对不比大都会博物馆里的作品差。”

詹姆斯说：“那我请你在大都会博物馆闭馆后来看私人导游展，更有意味，很多的惊艳只有在寂静之中才能品味。”

李莎兴奋地说：“那太好了，闭馆之后看展肯定别有韵味。

# 第二章 《**最后的梦露**》

## 一、父女情深

李莎公寓客厅的一个墙面上，梦露的油画正好迎面放置在沙发边上，顶天立地正好把一面墙遮挡住。李莎一房一厅的公寓的客厅面对纽约中城各种楼宇的远景。清晨六点钟，日出洒满窗外高楼大厦的顶部，将一切涂抹城金色。

李莎一面眺望着窗外的景色，喝着咖啡，一边给国内的父母Zoom。“爸”，李莎说：“你看到我昨晚给你发的照片了吗？我买了一幅特别棒的油画。你看，我现在的背后就是那幅作品的局部。”

中国某北方城市的傍晚，看得到窗子外依稀远山的公寓客厅里，李莎的父亲一面跟女儿Zoom，一面看着太太莫华将做好的晚餐端上桌子。”

父亲："你跟我打电话就是为了一张画？你都好久没 zoom 了。"

李莎："我最近太忙了，自己的公司刚开不久，每天都在接待客户。以前在公司工作时，不用考虑拉客户。现在不同了，每一个客户都是我和我的合作伙伴马丁亲自接待的。"

李莎母亲莫华在一旁说："那张梦露真漂亮，比你老爹美院展览上的任何一幅画都强。"

李莎父："你说什么呢，难道我们美术学院就比不了纽约的一个不见经传的画家不成？"他一边说，一边看手机。看到李莎发过来的照片和视频，楞住了。

"别说，这张画真的不一般！"父亲说："你倒是蛮有眼光的。"

李莎笑着说："您这样说，我心里就更踏实了。顺便说，这位画家也是 80 年末从国内来的，在纽约几十年了。您不知道他，并不代表着他没名气。"

父亲略带不服地反驳："你这话的意思，是我用国内的标准来评判艺术？"

李莎笑了："艺术本来就是心灵的产物，它要能打动人，让人觉得美。国外没人关心你哪个学院毕业，更不会因为你是某位老师的学生就捧你出名。"

莫华生怕父女俩像以往那样争执起来，赶紧打岔说："你跟詹姆斯的事儿怎么样了？不是我担心，你都三十六了，转眼就四十了。"

李莎哭笑不得地说："被您一说，我转眼成没人要的中年妇女了。"

李教授忍不住笑了："别听你妈瞎说。咱闺女这么优秀，相貌出众，还是国内艺术系毕业高材生，又拿到哥大商学院的MBA，现在又在纽约华尔街闯出一片天，有什么可急的？”

李莎听父亲用短短几句话便对自己的人生做了总结，禁不住笑翻道：“哈哈，还是爸爸理解我。”她对母亲说：“詹姆斯很好，但是太循规蹈矩了，缺少我喜欢的冒险精神。”

莫华叹口气说：“你爸倒是喜欢冒险，好好的国家办的美院教授不做，去私立美术馆做馆长，成天与一帮年轻的当代艺术家混在一起，我也没办法管啊。”

李莎父就跟没听见一样，凝视着 Zoom 里面女儿背后的那幅画。

李莎说：“这样，我把 iPad 端起来给您看看细节。”她一边将 iPad 的镜头对着身后的玛丽莲·梦露，一边说：“这一块块的细节看上去非常奇妙。近看都是色彩不同的抽象小方块，远看就是一幅很具象的油画。”

父亲凑近屏幕，眼中闪过一丝惊讶：“不错，这种技法很特别。色彩控制得很好，画家眼光敏锐，还得有扎实的功底才能画成这样。”

听到父亲的赞许，李莎对自己的选择更加充满信心。李教授在艺术鉴赏上是一个非常挑剔的人，一般的当代艺术品看不上眼，看入眼的还要指出各种不足。然而，他看到这幅画时，却没有任何负面意见，看样子，她的眼光还行，选对了作品。

李莎试探着问：“爸，您觉得这幅画里梦露的神态，像不像外婆爱丽莎？”

莫华放下手中的碗筷，认真地看了几眼，忽然惊呼：“还真有点像！尤其是眼神里的那种淡淡的忧伤。”

李教授微微一怔，若有所思地说道：“能画出这种神韵的画家不多。一张艺术品，如果能让人产生情感上的共鸣和连接，那就是无价的。”

李莎抿着嘴笑：“妈，我记得外婆有一张在上海 Sam Sanzetti 照相馆拍的照片，您能找出来发给我吗？”

莫华摇头：“早被你小姨莫莉带去纽约了。”

## 二、三个女人一台戏

在一个风轻云淡的日子，李莎约小姨莫莉在自己家附近的一家餐馆见面。平常，她们见面都是在李莎的公寓，但莫莉说她会带一个好友一起来见她，因此，李莎就在她公寓附近一家她喜欢的餐馆见面。

李莎的小姨莫莉来到纽约时，李莎仍然在上幼儿园。莫莉到了纽约，在布鲁克林学院拿到了电视制作的硕士学位后，在美国一家电视公司工作，并被这家电视公司派回中国开辟中国市场。李莎记得小姨常常跟她讲纽约的故事，带她去各种外宾常去的高级俱乐部，五星酒店，以及办公室去玩。李莎可以说从小就跟这小姨说英文，与外宾交谈，说的一口漂亮不带口音的英文。莫莉后来结婚回了纽约，很少再回国。李莎考上美术学院后，一直想申请去美国留学，但莫莉说她最好拿到学位再去纽约读硕士。2010 年，李莎考上了哥伦比亚大学的商学院后来到纽约，开始住在莫莉位于纽约近郊的家里。莫莉离婚后，搬到了曼哈顿。李莎已经毕业，拿到了 MBA 学位，在华尔街的一家大公司找到了工作后，开始自己租房住了。

莫莉在曼哈顿的一家独立出版社做市场经理，自己也在写书，准备出一本关于他们家族往事的非虚构回忆录，因此，她把家里所有的老照片都带走了。

李莎坐在靠窗子的座位，阳光透过玻璃窗洒进来，照在桌椅和地面上，形成色彩斑斓的光影，将李莎笼罩在光影之中，像一幅油画一样漂亮。

穿着时髦靓丽的莫莉带着一位气质优雅的四十出头的女士随着年轻英俊的餐厅带位走进餐厅。她一眼瞥见窗前的李莎，脸上笑得异常灿烂。她虽然五十多岁了，但身材依旧保持得如二、三十岁一样苗条得体，容颜也保持得比年轻时还美。

李莎注视着她的小姨莫莉穿过餐厅向她走来，恍然之中，似乎看到爱丽莎年轻时的模样。莫莉长得非常像爱丽莎，明显带着四分之一的西方血统。尽管人到中年，但莫莉的青春活力依然让她在人群中鹤立鸡群。相比之下，李莎的母亲更像祖父莫先生，样貌完全是中国人的样子。

“亲爱的！”隔着老远，莫莉就开始向李莎打招呼，全然不顾周边安静优雅地就餐，或者低声谈笑的人们。远远看到李莎，她还抬手挥舞起来，那股热情和活力瞬间弥漫开来。很多眼睛开始扫向莫莉，仿佛是在观看一个穿过人群的明星。

“小姨永远是一个 drama queen！”李莎心里说。她这个小姨人前人后都是一个戏精，她的人生似乎就是一部闹剧，总是被她演绎得淋漓尽致。莫莉是写爱丽莎传奇故事的最佳作者，她身上爱丽莎的血脉和激情总是通过她的书传达给读者。

刚刚落座，莫莉就把身边带来的这位优雅女士介绍给李莎：“这是朱莉亚，大名鼎鼎的时报艺术专栏主笔，专门写艺术方面的评论，新闻和逸事。”

李莎与朱莉亚打过招呼后，忙着问莫莉有没有把外婆的照片带来。

“当然啦！”莫莉把一个黑色封面，颜色已发旧，边角已出现破损的相册从包里拿出来递给李莎：“这里有外婆家族的好多老照片。”这是一本上海 30 年代的相册，黑色的封面上有隐约的团团暗花。翻开相册，每一张照片上都有一张半透明的像米纸一样的保护层。

看到外婆收藏多年的老相册，童年往事涌上李莎心头。小时候，外婆常常把这本相册给她当书一样看，里面有着她全家的照片以及爱丽莎从小长大的照片。在这本相册中，李莎了解到外婆的故事。每一次当爱丽莎跟她讲起在上海 40 年代的往事时，李莎都能从老照片中找到时代的共鸣。她轻轻翻动着相册，仿佛翻动着一本活着的历史画册，脑子里浮现的都是爱丽莎跟她讲过的往事。李莎的目光最终停留在爱丽莎在 Sam Sanzetti 照像馆照的头像上，仔细端详起来。

莫莉说：“这位老画家的梦露作品画的如此漂亮逼真，如果我们委托他画一幅爱丽莎的形象，肯定会把你外婆最美的过去带回来，而且还是彩色的。”

“这倒是好主意”，李莎说：“普通油画没有特色，而老画家的这种画法结合了东方的书法笔触与西方的色彩感，绝对有珍藏价值。”

莫莉：“我怎么觉得你没有搞艺术，去做金融投资真的可惜。凭着你对艺术知识的了解和天生直觉，做艺术会很成功，最主要可以帮助到像老画家那样的具有深厚的功力，却名不见经传的艺术家。”

李莎说：“我倒是想做一个艺术基金呢，或许说这是我的梦想吧。”

莫莉："你做艺术基金，我肯定第一个投资！"

李莎感激地说："小姨，你永远是我的第一个支持者！"

朱莉亚在边上看着爱丽莎的老照片相册，惊叹说："她长得与玛丽莲·梦露年轻时有些相似，都是表面上妩媚，但骨子却非常单纯。"

李莎赞同说："最主要的是，一个美人好画，但神情难画，尤其用一块块书法笔触画出来的这种形式更难。这就是《最后的梦露》这幅作品打动我的原因。"

莫莉飞快地告诉朱莉亚说："李莎大学学的是艺术专业，拿到哥伦比亚的 MBA 后就搞金融了，也可谓才华横溢。"

朱莉亚微笑："从艺术换行到金融，跨度蛮大的。我本科学文学，硕士读的是艺术史，现在做艺术专栏，算是学以致用。"

李莎感叹："我父亲是大学艺术教授，后来辞职下海当了一家私立艺术博物馆的馆长，让我妈操碎了心。我艺术系毕业后就申请来纽约上学，不想再搞艺术，而是从头学商。毕竟，在国内，艺术这一行太难了，大家都是靠着学院和导师的名气拉帮结派，那种感觉真的很糟，完全不是搞艺术的氛围。你画的再好，如果没有学院或导师牌子，就很难有出路。尤其，一个艺术家想要靠自己的独特艺术语言生存下来，简直没门。"

朱莉亚叹口气："这里的艺术规则虽然不同，但是也差不多。艺术家需要被画廊代理才有希望。好的画廊可以点石成金，差的画廊不过是给艺术家挂个名，让大家面子上好看而已。因此画廊在选择画家的时候，永远挑选年轻艺术家，因为时间长了，他们中有些人很可能成名，给画廊带来物质和名誉的价值。"

李莎打开手机给朱莉亚看："我刚刚买了一幅叫做《最后的梦露》的油画，非常特别，你看看。"

朱莉亚仔细地看着手机里的照片和视频，边看边说："真的很特别，也很漂亮。"

李莎开心地说："你要来我家看看原作，任何照片和视频都无法与原作相比。"

当茱莉亚听李莎说这位老画家没有画廊代理，也没有在艺术圈子里出名，而是一个人隐居在乡下画自己喜欢的作品，不禁叹了口气。"那他太不容易了"，朱莉娅感叹着："一个艺术家能这样坚持走自己的道路，不被画廊要求所左右，也不看重艺术界的名誉和地位，我都可以想象，他需要是如何的坚持和勇气。"

李莎试探地问："那你能写一篇关于这位老画家和他作品的介绍吗？我觉得他需要帮助。"

茱莉亚轻轻摇摇头说："虽然我是艺术专栏的主笔，但写的内容和采访的对象基本上都是艺术圈大家熟悉的这些人，要不然写出来万一没人看，报社的老板们可就不开心了。时间长了，我这个主笔的职位也难保！"

李莎沉默："原来如此，难怪人家说艺术圈就是一个封闭的铁桶，只有在年轻的时候进去，一旦进去就不要出来，否则的话就是死路一条。"

侍者把他们点的主菜一一端了上来，大家边吃边聊天。

李莎："我就是不明白，把一根香蕉用胶带贴在墙上竟然可以拍卖出600多万，这么美的一幅油画作品却只能卖十几万，别人还嫌贵。这个世界是不是真的很颠倒。"

朱莉亚："首先，现在的所谓艺术已经不讲究工匠精神了，玩的都是点子！其次，艺术就是跟风，一个香蕉炒的是热点，卖的是风头，而不是艺术品本身。如果你的这幅画也可以通过什么手段爆炒一下，自然也可以卖出去几百万甚至几千万。”

莫莉说：“所以说，人人都想去做网红，卖什么都能赚。这年头，艺术的价值已经不是作品有多好，而是不是热点。”

“我有个好主意”，李莎说：“我们可以把这张作品偷偷放到詹姆斯的大都会博物馆里去，看看大众是不是喜欢。”

莫莉赞同地说：“对啊，一根香蕉可以爆红，这幅画凭什么不可以呢！”

朱莉亚笑了：“你们是要挑战权威啊！”

李莎不屑地撇嘴：“什么权威，不过都是金钱游戏罢了。有人做游戏，就有人玩，为什么我们只能是玩家，不能成为游戏规则的制定者呢？”

朱莉亚：“这让我想起当年的班克西！2004年，他偷偷把自己画的蒙娜丽莎带进巴黎卢浮宫，挂在墙上。人们像揣摩名作一样，揣摩班克西的那副画。到了第8天，工作人员才发现这幅多出来的画，把它请出卢浮宫。”

莫莉开怀大笑：“是啊，他也恶搞过纽约大都会博物馆。2013年，纽约中央公园里有个大叔在摆摊卖画，卖的是像班克西的仿作，60美金一张，只有三五个人来买。结果第二天，班克西在自己的网站上公布说，其实摆摊是他自己，作品也全是真迹。买到的人都疯了，60美金的作品转手就卖了25万美元。”

李莎：“对啊，艺术就是要出格。就像那个溜进墨尔本的维州国立美术馆，把自己的作品挂在墙上的澳洲艺术家本·布彻（Ben Butcher）作品介绍单上写的那样：我们现在生活的时代，独断的文化机构不再是传播创意的唯一途径。以前只有少数特权阶层能够接触的媒介，现在普罗大众都能接触到。人们也可以直接采取行动和自行发布社交媒体，这是从前无法实现的。”

三个女人大笑着越谈越激动，七嘴八舌地谈论着她们对艺术的看法。谈论中，一个把艺术品偷放到大都会博物馆的雏形在李莎的头脑中成型。

## 三、老画家的故事

坐在从曼哈顿开往布鲁克林的地铁上，李莎和莫莉正在谈论画《最后的梦露》的画家。莫莉神采飞扬地告诉李莎，这几天她动用了所有能想到的艺术圈人脉，甚至连她做私人侦探的未婚夫高为名都出动了，彻底挖掘出了这位画家的来历。据说，他的作品技巧超凡，天赋异禀，画法独特且极具挑战性。尽管他鲜少抛头露面，但艺术界对他的传说却从未停止。大家尊称他为“老画家”，以示敬意。

莫莉滔滔不绝地说起老画家的过往：“你知道吗，他是上世纪 80 年代来纽约的，曾经在艺术圈红极一时。可是，后来他突然销声匿迹，再次出现在公众视野时，他的画风已经变成了这种与众不同的书法块画法。”

“他为什么消失？”李莎好奇地问。

“有人说他不喜欢艺术圈惯有的假模假式的游戏规则，也有人说他下海挣钱去了。”莫莉神秘地说，“但具体原因谁知道呢！”

“哇！”李莎笑着说，“这次你倒是真的像个侦探了。”

莫莉得意地扬扬眉：“高为名帮忙查了一些资料，加上我打听到的小道消息，总算拼凑出了他的传奇人生。”

老画家出生于南京，小时候，他父母被送到五七干校劳动，因此,不得不把他送到无锡乡下的外婆家长大。在那个没有玩具,只有一望无际的农田和乡村，他经常一个人躺在草地上仰望天空，观察云的变化，想象它们变成龙、鱼或兔子的样子。随着时光的流逝，他把内心交付给无锡乡村的那种孤独中才能感受到的寂静的力量与大自然美景的融合，成为他骨子中潜伏的艺术能量。当有一天潜伏的能量爆发时,就成为了他艺术的原动力。现在看来，在无锡乡村的那段孤独的童年培养了老画家对细节的敏锐观察力和丰富的想象力，当然也形成了他独往独来的个性。

他外婆是个虔诚的佛教徒，总是对他说：“阿弥陀佛，善恶终有报。”她常讲因果故事，让他相信人生的每一步都在为未来种因果。这种信念深深影响了他的艺术创作，使他后来的作品常蕴含东方哲学的深意。

少年时，他展现出惊人的艺术天赋，深受邻里和学校老师的喜爱。他的邻居是一位退休的艺术学院教授，喜欢拉二胡。这位教授不仅教他画画，还教他拉二胡。这段音乐与绘画结合的经历，成为他艺术创作的重要源泉。他说：“音乐和画画是我生命中无法割舍的部分，也许这就是命运吧。”

在老画家成长期，中国开始改革开放，随着国门的打开，西方文学和艺术进入中国，对年轻人产生了深刻的影响。他们从唐诗宋词的美妙中感受到现代诗歌带给他们的冲击，开始用不同的眼光看世界。老画家曾经谈到文学对他艺术根本上的影响，说他们小时候喜欢在一家咖啡馆做布尔乔亚状谈论诗歌，从竹林七贤到詹姆斯·乔伊斯，从艾略特到苏东坡，西西弗斯到姜白石。“记得有位仁兄对我说我们应该常常把自己的眼珠子放在空中俯视自己，我做为一个画画的少年，自然是天生形象思维能力比较强，可想而知这对我是个什么样的体验。”

同一个时期，他从教授给他看的画册中意识到，天外有天，纽约的当代艺术是他喜欢的风格。因此，他放弃了南京艺术学院的录取通知，离开南京，带着不安却又满怀希望的心情，来到纽约追求艺术之梦。

初到纽约时，他的艺术观念受到猛烈冲击。格林威治村和下东区涌动的当代艺术风潮，让他既迷茫又兴奋。为了生存，他一边在一家建筑装修公司打工，一边画自己的作品。在这段艰苦的日子里，他学会了用有限的资源创造无限的可能。他在画中融入自己对家乡江南的思念，横跨时间和空间的想象，还在木板上画画，将建筑工地上的工具和材料也混合进了作品，形成了夹杂着东方思想的抽象混合材料艺术风格。

老画家的画开始在纽约当代艺术展中展露头角，得到了一个德国画廊的青睐。画廊带着他的艺术作品参加了许多欧洲展览。1990 年，他的一幅充满东方韵味的抽象作品被德国一家美术馆收藏。就在艺术界认为他会是一颗新星闪烁光芒时，老画家的灵魂却开始不安定了，总觉得自己的作品似乎缺乏一种独特的原创“灵魂”。他说：“纽约东村艺术让我打开了全新的艺术认知，也决定了我后来永无止境的探索精神，不找到自己的绘画语言决不停止，哪怕永远不再画画也不能生活在任何一个大师的影子里，在武林中独孤求败是因为没有对手，而在艺术中的独孤求败则是为了追求独一无二。这需要勇气，孤注一掷、义无反顾去探索未知。”

老画家的探索一下子就是十六年。十六年中，他不再画画，而是通过广告和音乐讲述自己对艺术的看法，当充满艺术风味的广告一炮而红，他又开始搞音乐，玩摇滚，还出版了重金属摇滚专辑。随后，他成为世界最有名的音乐电视台的主持人，下海从商。直到 2010 年，老画家无意中发现并开创了新的书法块油画画法后，重新回到艺术。他开始创作中美货币系列，并凭借着独特的绘画风格重新回到公众的视线。

对老画家来说，十六年的探索让他明白了一件事，艺术的意义不在于复制或重新解构大师们的作品，而在于重新定义艺术本身。因此，老画家的作品中的每一块色彩，每一道笔触，都是他探索艺术语言的符号。他希望创造出一种新的艺术流派，像点彩派、立体派一样，成为艺术史上的一部分。因此，他用这种绘画语言画出中国古典名画像《清明上河图》，画出肖像画像《最后的梦露》，画了货币系列等等，不仅在文化和精神层面上提供了新的视角，还在视觉和情感上具有深刻的影响。老画家的作品展示了艺术的无限可能性，体现了传统与现代、东方与西方的深度融合。这种融合不仅丰富了当代艺术的表达形式，也为东西方文化艺术的交流提供了新的途径和可能性。

李莎听得入迷，她问道："老画家毕生似乎都在追求艺术上的突破，他结婚了吗，有家庭吗？"

莫莉脸上掠过一丝神秘的表情："他结婚过也离婚过，儿子也是搞艺术的，从纽约大学电影系毕业，听说一直在亚洲拍电影。"

李莎笑："原来如此，我还以为他是一个人孤独隐居呢！"

莫莉也笑了起来："你不是说过，隐居不是避世嘛！连当年王羲之在兰亭隐居时，不是也带着儿子一起嘛。"

到达布鲁克林之后，地铁驶出了地面，透过地铁的车窗，可以看到远处曼哈顿灰色的天际线巍峨地矗立在远处，仿佛海市蜃楼的远景。近景处，布鲁克林的铁桥横跨水面，彰显着存在着纽约百年气场。

莫莉眺望着车窗外面的景色，对李莎说："据说，爱丽莎的家族来美国后落脚的地方就是布鲁克林，每次看到布鲁克林，我就想起爱丽莎的故事，惋惜她一直没能与家人在纽约见面。"

李莎也被莫莉的感慨触动说："这让我想起《布鲁克林》那部电影，展现了爱尔兰移民在故乡与纽约之间的感情挣扎。还没有人写写我们来自中国大陆的移民离乡背井的故事。如果当初爱丽莎与莫先生来了布鲁克林，不知道他们的故事如何改写。有一点，莫先生起码还会活着。"

泪光闪烁在莫莉的眼中，她低声说："父亲去世时，我才两岁，对他一点印象都没有。我这一生是没有父亲长大的一生，心里的伤痛无法细说。爱丽莎在如此艰难的岁月中，一个人带大你妈妈和我，真不容易。这也是为什么我这一辈子最想了解的就是我父母经历的往事和心路历程，给我自己内心一个交代和安慰。"

李莎搂住小姨轻声说："我理解。海灵格提到代际创伤这个词，就是说家族伤痛延续三代，从情绪、心理和生理方面影响并塑造着我们，贯穿我们的一生。我们必须有意识地从这三方面改变，才能摆脱家族伤痛。你的那本家族书写的怎么样了？我期望早日能读到。"

莫莉表情神秘地说："快了，写得差不多了。这些年来，我已经搜集到很多那个时代的历史，甚至爱丽莎写的日记片段。"

"真的？"李莎睁大眼睛，感到难以置信。

"是啊！"莫莉说："我在她的相册的夹层发现了几页折起来的纸片，打开一看，原来是爱丽莎的笔迹，试图记录她当时在上海生活过的片段，我觉得更像她的日记。"

李莎急切地说："拿给我看看。"

莫莉笑："你还是读我写的书吧，里面都会有的。你知道吗，她在与我父亲结婚前，暗恋过他们学校的一个喜欢画画的法国男生，而对方却根本都不知道。"

李莎："难怪她也画画，我特别喜欢她画的老上海街景水彩画，线条非常灵动。"

就在两人的谈话中，地铁到站了，莫莉催着李莎赶紧下车。两个人走出车站，沿着涂鸦杂乱却很艺术氛围的街道走去。

李莎又回到当初她买画的那个画廊。她希望与老画家建立直接联系，了解他更多的故事。

画廊的负责人是一位气质优雅的华裔女性桃花，也是一位小有名气的策展人。她对李莎温和地说："我非常想帮您，但老画家多年隐居，不愿被外界打扰。如果您有什么需要，我们可以帮你联络。"

桃花解释道，老画家之所以愿意把作品交给他们展览，是因为他信任这家非盈利画廊。他认为这个画廊能从单纯的艺术角度理解他的作品，并愿意推广真正的艺术理念，这让他感到自己的作品被看见了。

"被看见！"李莎重复者这句话。她忽然明白，这个看见就是艺术语言的特殊性以及艺术的内涵被看见，而这种被看见就是艺术家一生渴求的理解。

"那你知道，他为什么画梦露这幅作品呢？"李莎问。

"他曾经画过很多梦露的画，都被收藏了，只有这一幅最大的，完成不久，尚未被收藏，其原因就是老画家需要一个理解这幅作品的藏家。他说，这幅作品的藏家已经存在，只是他还不知道这个人是谁，但是，一旦这个人出现，他们的灵魂就连接在一起，藏家也会明白这幅画的意义。”

桃花说完，含笑地看着李莎说：“既然李小姐收藏了这幅画，我很想知道你是怎么理解这幅画的意义的。”

李莎沉思了一下说：“这幅画最开始让我感到震撼！它这独特的呈现方式，让我觉得从未见过的同时，又美丽得不可方物。这幅画让我看到了我的上海外婆爱丽莎，她曾经也像梦露一样美，但经过了各种人生坎坷，尤其是失去她的先生这个一生挚爱之后，她终于明白，生命是以肉体与灵魂的两种形式存在的，肉体消亡了，灵魂却依然存在。她在我小时就告诉我，有一天她即使不在了，她的灵魂会一直跟我同在。我第一次看到这幅画时，我忽然感受到了我外婆的灵魂触动，就是那种说不出的心动和感动。尤其，这幅画画的是梦露。我母亲是英文教授，专门研究美国戏剧，八十年代初期就翻译了梦露的传记，对这个美人内心的痛苦和短暂的命运非常了解，她后来一直跟我说，梦露这一生太苦了。因此，我从小就对梦露印象深刻。”

李莎忽然顿住，觉得自己对一位陌生人是否说的太多。桃花正饶有兴致地听她讲述，见她忽然顿住了，马上问：“后来呢？”

李莎笑了笑：“所以我很想了解一下这位老画家画梦露的想法。当然，很多时候，我们未必了解自己做的事情，因为都是灵魂使然，我们肉身感觉有限，很多时候看不到超越三维的一切。换句话说，我们今天的谈话在冥冥之中或许已经注定，因为，此生的相识或许就是前世的重逢。”

莫莉此时插嘴说：“我正在写的这本书，就谈到了爱丽莎的灵性层面。她曾经跟我谈到初次见到我父亲时的感觉时说过，有时候，一次看来似乎是偶然的人生相遇，却让我们感受到一种难以言喻的深刻联系，一种超越时间的默契。仿佛我们早已相识，不需要任何介绍，也无需过多解释，就已经明白彼此的过去与内心。或许，这是一种无法言说的缘分，一种尚未开始便已知结局的故事。而故事的主角，正是我们自己。我们早已在这份相遇中彼此认同、彼此熟悉，仿佛穿越了时空而来，一见如故，一见倾心。”

李莎惊叹道：“对啊，就是这种感觉，无需多言，哪怕只一个相视的微笑，便像揭开了尘封的记忆。我们的缘分仿佛早在前世便已注定，今生的相逢只是延续那个未完的约定。”

桃花也被李莎和莫莉惊到，说：“这位爱丽莎与你们都是高人，我很开心认识你们。”

莫莉笑道：“我只是在写我母亲的传记，并不是什么高人，而我的侄女李莎大概是个高人，整天神叨叨的，像个神婆！”

桃花拿出微信，当场加了李莎和莫莉，邀请她们随时回来一起谈谈艺术。桃花告诉她们说，他们的画廊常常进行艺术研讨会，希望两位都能参加。

桃花赠送了老画家唯一出版的一本画册给李莎，上面有一些老画家的介绍，以及他早期和现在的画作。通过这本画册，李莎意识到老画家之所以成为一个大隐于世的画家，正源于他对艺术的追求。

老画家年轻的时候曾多次参与主流艺术界的展览，但他逐渐对市场化的艺术环境感到失望。他认为，市场的规则让艺术失去了纯粹性。他拒绝了许多商业合作，只坚持自己内心的创作方向。

老画家画画的时候都是在闭关状态中，因此远离外界的喧嚣，将自己完全沉浸在艺术创作中。进入闭关状态并不容易，需要完全进入那种一切都平和的内心世界，就像一个阴阳八卦漂浮着，小到芝麻绿豆，大到宇宙的无边无际，无相有形、一切随心。

老画家曾说：“艺术家真正的灵魂在于他的绘画语言。一个画家若能找到属于自己的艺术语言，就等于找到自己的精神世界。”通过十六年的探索与实践，他以“书法块”画法重回艺术，表达了他对生命、社会与文化的独特理解。

李莎翻看画册时，目光停留在老画家的一句话上：“当你被我的作品感动时，那正是你的灵魂感受到我苦行的坚持。”她默默地合上画册，心里涌起找到灵魂知音的感觉。

临离开画廊时，李莎注意到画廊里面正在播放的背景音乐，感觉似曾相识，她愣了一下，问桃花：“这是不是吉他曲调？”

桃花微微笑道：“是啊，这是一位音乐家的吉他曲，我很喜欢，常常播放。”

李莎：“那就对了，他就是那个有时会在大都会博物馆前面前奏的音乐家，所以音乐听着这么耳熟！”

李莎和莫莉走出画廊时，莫莉跟李莎说：“你耳朵真尖，音乐一听就能听出是同一个人。”

李莎笑：“艺术都是相同的，走心的音乐与艺术品一样，都能打动人心，何况这个曲调很独特，非常江南，我喜欢。走，我们去水边公园看日落吧！”

黄昏降临布鲁克林，在水边公园里，李莎和莫莉眺望着布鲁克林大桥横跨水面，延伸到曼哈顿的天际线。桔红色的晚霞涂满天边，水里倒影着晚霞，波光粼粼。

# 第三章 大都会之夜

闭馆后的大都会博物馆一片静寂，展厅的墙上，各种传世名作在暗淡中依然闪烁着穿越时空的气场，你能感觉到，每一位艺术大师的能量都穿越百年、甚至千年而来，形成了强大的能量场。

李莎与詹姆斯跟在大都会博物馆现代和当代艺术部一个部门工作的乔纳森身边，边聊边走。乔纳森是一个三十岁末的瘦高个，带着一幅金边眼镜，看上去温文睿智。乔纳森与詹姆斯早在大学时就认识，乔纳森在大都会博物馆的工作当初还是詹姆斯推荐的。这些年，他们常常在一起喝酒聊艺术、哲学和人生。说实话，詹姆斯对艺术的很多了解基本都来自乔纳森这几年的各种讲述。乔纳森虽对艺术满腔热情，艺术知识渊博，却因他对艺术的观点和理念不同，常有怀才不遇之感。

李莎觉得，像乔纳森这样能够在大都会博物馆的当代艺术部门工作，绝对都是人中豪杰。因此，她忍不住想问问乔纳森关于她刚买的梦露作品如何。但是，她又找不到合适的机会启口，只能听着乔纳森边走边聊着他们刚刚看到的展品。

终于，他们来到了 Andy Whorle 的一幅丝网印作品前，李莎停下了脚步，认真地端详着这幅作品。

“我最喜欢的就是他的玛丽莲·梦露和毛主席作品”，李莎忍不住地说：“也许，这两幅作品对于我们来自中国的人来说，意味深长。”

哦，乔纳森感兴趣地望着李莎。他一直觉得李莎这种来自中国，在纽约读书工作，进取心很强的女孩子超出了詹姆斯这种保守本分主义者所追求的范围。此时此刻，他很想知道李莎是怎么想的。

李莎说：“我外婆生活的时代与梦露的时代平行，那时候的上海与纽约这两个海港城市感觉很接近。而对于像我父母生于五、六十年代的这代人来说，毛主席是他们人生的背景墙，标志着革命时代。而到了我们八、九十年代出生的这一代，才看到梦露的电影，看到她所代表的没落资本主义的腐朽逐渐成为中国社会的现实。因此，梦露和毛主席是我们两个时代的标签。”

“Interesting！”乔纳森说道：“Andy Whorle 的玛丽莲双联画创作于 1962 年。Andy Whorle 的丝网印创作开始于当年 8 月，正好玛丽莲·梦露去世，促使他用梦露的明星脸创作了第一个玛丽莲的丝网印。”

“越来越巧了，我正好想请教你”，李莎笑道：“我刚刚买了一幅玛丽莲·梦露的油画，你看怎么样？她掏出手机，给乔纳森看这幅作品。她不断把作品放大后缩小，让他看细节的变化。

李莎说："你看，这画法也好奇特，近看抽象，远看具象。"

乔纳森仔细看着这幅作品，不断说有意思！最后，他问："这个艺术家我认识吗？"

李莎摇头："估计你不认识他，他还没到达你能认识的范围。他很少出来，在乡下闭关画画，类似隐居的状态。"李莎知道，像乔纳森这样在大都会博物馆工作人员知道的都是全球知名的艺术家。

"哦"，乔纳森说："可他的作品水平已经到达了我认识的艺术家的水平啊。看样子，纽约艺术家藏龙卧虎，还有一些能人我还不认识"。他半开玩笑半认真地说，想给自己找个台阶下。确实，在艺术机构做久了，乔纳森感觉自己身处艺术的象牙塔中，外面的世界有多精彩，他已无从知晓。

李莎说："哪天，你和詹姆斯一起来我那里看画吧，照片和视频都无法与原作比，差远了。"

乔纳森："当然，原作的气势是照片和视频传达不出来的。每个艺术家都有自己的气场能量，只有通过原作才能反映出来。"

"哇，英雄所见略同啊！"李莎忽然说了一句中文。乔纳森与詹姆斯面面相觑。

"我是说 Great minds think alike，哈哈。"

过了一会，乔纳森先告辞，说老婆在家等着他回去吃饭，于是，李莎和詹姆斯两个人在空无一人的大都会博物馆里溜达着。

李莎忽然悄悄地在詹姆斯耳边说："如果我现在把一张画偷偷放在这里，也没有人知道。明天，大家会以为大都会博物馆有了新的画作。"

詹姆斯笑：如果一张小画估计没人知道，如果是一张大的像《最后的梦露》那样的作品就麻烦了。搬都搬不动。

李莎:“大画更有气场,只有放在大都会博物馆里才能聚气。”

说到此，李莎突然止住了话头。她想起来与莫莉和朱莉亚的聊天，心里忽然想，既然她这么看好《最后的梦露》，为什么不想办法把它放到大都会博物馆里呢。她坚信更多的人会喜欢这幅画，她想要验证一下自己的想法。

但这么大的一幅作品该怎样偷偷搬进来呢?

看到李莎突如其来的沉默，詹姆斯忍不住问：“你在想什么呢？”

李莎：“我在想如何把《最后的梦露》偷偷放进来呢！”

詹姆斯没想到李莎真的在想如何把画偷放进大都会博物馆。他原来以为李莎是开玩笑，但看到她动真格的了，有点紧张：“小画容易，大画难！另外，你为什么要这么做呢？又不是你画的作品,冒这么大风险,就是放进来了,对你有什么好处呢？”

李莎惊讶地看着詹姆斯说：“这样做就是为了证实这幅画是一幅好的作品，值得进大都会博物馆！另外，我想看看有多少人像我这样反感当今艺术‘玩点子’的走向,更欣赏美的艺术。难道你这一生就不想做点什么没做过的事，甚至冒点险？”

这句话让詹姆斯陷入沉思。他忽然明白为什么李莎这么吸引他。她具备他自己从未曾有过的冒险精神。李莎二十多岁背井离乡来到纽约，为的就是开始一个新生活。他三十多岁从来没有去过亚洲，更不要说离开自己土生土长的地方到一个新的国家重新开始生活了。

“确实！”詹姆斯说：“我一直佩服你敢于改变的勇气，而我已经习惯了过一种循规蹈矩‘no bad news is good news’的生活。”

李莎笑：“我觉得我很像我的外婆爱丽莎那样敢于改变，不愿为现实生活妥协，或许，这种精神就是一种传承。”

李莎告诉詹姆斯，爱丽丝一直喜欢绘画，曾经画过上海租界的街景,这些街景现在都已经不存在了,因此极具历史的价值。李莎曾经试图把爱丽莎画的几幅水彩画捐赠给美术馆，但被婉拒了。

李莎说：“因为她不见经传，而美术馆只是收藏和展示名人名画的地方。然而无论如何，有一天我一定试图打破这些所谓艺术的规矩，不在乎画家和画作的名声和地位，只接受好的作品。”

詹姆斯搂住李莎的肩膀：“看来，我需要借用你的自信和能量来给我勇气。”

李莎笑了，她知道彼此的气场已经打通，就像她与爱丽莎的气场一直持续保持着，让她对过往的一切充满理解，以及对未来也充满信心。她轻轻地靠着詹姆斯的肩膀，朝另外一个大厅走去。远处暗淡的灯光照射在大都会博物馆的地面，两人相依着往远处走着，他们的背影在光中成了剪影。

# 第四章 《梦露》派对

李莎一身白色纱裙，显得轻盈苗条。她端着酒杯，穿梭在几位宾客中。自从从布鲁克林搬到这个公寓以来，她一直喜欢举办各种小型聚会，和不同的朋友见面聊天。尽管，从中国来到纽约已有多年，但她一直保持着与朋友们紧密联络，她的聚会更像沙龙，探讨的内容多为文学艺术。

此刻，她的聚会目的是展示并探讨她刚买的油画作品《最后的梦露》，因此，这个聚会的题目就是《最后的梦露》。她喜欢这张画，也喜欢这个名字，似乎与她精神深处的某些触动紧密相连。

如果可能，她很希望可以邀请到这幅画的创作者一起出席，听他分享分享创作这幅作品的原因和理念。然而，当她通过她那无所不通的小姨莫莉联络老画家时，那位深居简出的老画家居然婉言谢绝了。他住在纽约上州的一个农场里，平时很少愿意出来参加艺术活动。对此，李莎没有感到不好，反而对老画家更加敬重。一个愿意远离尘世的艺术家是李莎心目中敬仰的隐居者。隐居在中国传统文化中具有悠久历史，除了在偏僻的地方建立了隐居地，可以冥想的修道者和道士们之外，中国的文人和画家在山水画中将稍纵即逝的时光留住的万千景色中，呈现出隐退的写意状态和风格，那就是离开尘世，隐居在心境更温和、精神更广阔的大自然中，与自然融为一体。这也是多少年过去，很多到了一定年纪的艺术家仍然喜欢住在乡村而不是城市，感受自然赋予他们的能量。

李莎很喜欢她在大都会博物馆里看过的关于隐居的画展和描述。隐居不是避世，而是通过连接绘画和诗歌的书法，展现出彼此之间志同道合的交流。李莎很喜欢王羲之的兰亭序，就是在他的隐居地兰亭写的。当时，王羲之宴请了几十位他喜欢的也处于独往独来隐居状态的文人一起纵酒吟诗，在秋色之中反思了时光的流逝和人的生死。王羲之挥毫记载了这一聚会，并经过他人的临摹流传开来。兰亭聚因此也成了一个永恒的绘画主题。明朝著名画家文徵明的學生钱谷在1560年的一幅手卷中展现了王羲之在兰亭雅聚的场面。

李莎举办这个沙龙派对时，只请了她和詹姆斯几位谈得来的朋友。乔纳森带了太太朱莉亚来，还介绍给李莎说："朱莉亚是艺术专栏作家，专门报道艺术圈的新鲜事。"

李莎开怀大笑地说：我们已经见过！旁边的乔纳森听了吃了一惊，只怪自己最近没有多跟朱莉亚交流。其实，朱莉亚跟她说过认识李莎的事，但乔纳森当时没过脑子，他还以为是他们夫妻认识的众多的 Lisa 中的一位。

朱莉亚边拥抱李莎边笑著说："我那有什么新鲜事啊，艺术专栏总是写差不多一样的内容，来来回回就是那几个展馆，画廊和艺术家，已经没什么可说的了。”

“那就是炒冷饭了，reheating cold rice！”刚刚到厨房放下东西的莫莉从厨房跑出来拥抱朱莉亚和乔纳森。莫莉带着自己的未婚夫高为名一起来的。他们刚刚订婚，李莎带詹姆斯一起去参加了两人的订婚仪式，两位男人因此见过面。

看到高为名，詹姆斯马上端了一杯红酒给他，介绍他认识乔纳森。三个男人一边喝酒一边瞎聊。

客人们陆续到齐，都聚在开放厨房和客厅中间喝酒，客厅墙上的画作被一个白色的被单遮住，显得异常神秘。

聚会开始了，李莎敲着酒杯说：“让我们来看看今天的重头戏，《最后的梦露》油画。”李莎介绍了一下她初次见到这幅画的感觉，她的外婆爱丽莎的故事，她父母对这幅作品的看法，以及她的感想。

客人们已经被李莎的讲述吸引。毕竟，从一张画了解到一个家族的故事也是缘分的 serendipity，这是李莎常常喜欢的一个词，缘分与时机的契合。大家都被《最后的梦露》撩起了兴趣，等不及随着李莎走到客厅，看着她指挥着詹姆斯和乔纳森将白色的床单拉下来，就像开幕式剪彩似的。

白布落地的瞬间，玛丽莲·梦露的画像影印在人们的眼前，所有人都惊呆了。大家围在这幅让人震惊的巨幅作品前，认真研究着。乔纳森来来回回一会近，一会远地看着油画。

李莎说：“我这客厅太小了，否则，距离越远看的越清楚。不信，你们用手机看，效果更厉害。”

大家闻言纷纷掏出手机对着画作，手机屏幕中，玛丽莲的形象越发清晰起来。

“哇！”朱莉亚禁不住说：“真是大师级作品啊！我真想见见这位艺术家！”

李莎笑道：“我只在画廊的开幕那天匆匆见过他的照片，一个连开幕式都不去的艺术家，你还指望能够采访不成？！据莫莉说，他是一位隐居的艺术家，从中国到纽约三十多年了，没有多少人知道他的故事。”

朱莉亚说：“当代的中国画家我知道好几位，可隐居的画家我却不知道。”

手里端着一杯酒的莫莉，眯着眼睛看着这幅画说：“按照中国文化来说，隐居者才是看破红尘的高手，我觉得这位艺术家不是一般人。我的一位朋友 90 年代在纽约曾见过这位当时还年轻的老画家，说他当年的画作与今天的完全不一样。当年，他受到很多当代艺术家的影响作品很有张力，但看得出受到了不同大师的影响。后来，他十几年不画，就是要找到自己的艺术语言。现在大家看到的就是他的艺术语言画出来的作品。”

朱莉亚感叹：“别说，这幅作品的能量场巨大，一下子将你的客厅从视觉上扩展了。”

李莎严肃地说：“埃德加·德加说‘艺术不是你所看到的，而是你让别人看到的’。这幅画让人们看到的不只是梦露，而是她的内心，她的挣扎和渴望。每一个看到它的人，都会被它触动。如果这幅作品在大都会博物馆里，才能产生出更强大的冲击波，让更多的人看到，看见。”

说完，她看着乔纳森说：“如果放在你们的大都会博物馆里，绝对不逊色任何一位大师的作品。最好，我们把他所有的作品都放在一个厅里，那更为壮观。”

乔纳森点头说：“德加的这句话意味深长，也可以理解成为如果我们不把艺术放到人们面前，它就什么都不是。”

朱莉亚一语双关的说：“那，我们就应该让它被看见。”

詹姆斯正在跟莫莉打趣说：“既然这位画家是中国艺术家，你一定能找到他。你人缘这么广，什么人不认识啊。”

莫莉笑得前仰后合：我认识的都是物质成功的俗人，高人却不见得能认识。

这时，詹姆斯感觉到李莎的视线，赶紧将注意力转向李莎的谈话说：“我们不妨发起一个众筹，让大家来买这位艺术家的作品，然后把作品聚在一起开一个画展。”

李莎的生意伙伴马丁说：“这画确实不错，不过商业价值也很重要。如果能策划一次大规模抄作，市价翻几倍不成问题。我们可以成立一个基金，把这位老画家的作品全部买下来，通过各种媒介进行炒作，等到市场上因为没有作品而急剧升值时，我们再慢慢出售，那我们就都发了。不过，这个炒作过程需要好几年才行，而且也不能保证肯定成功，因为不仅需要艺术家的高度配合，还需要市场愿意跟着买单。”

五十多岁的爱尔兰裔的马丁是华尔街的投资人，也是李莎开办的投资公司的合伙人。在生意场上，马丁可谓精明能干，对人和项目的判断力异常准确，因此，常常会投资到点儿上。自从李莎与马丁合伙以来，投资的项目一直在稳定地赚钱。

马丁也是一个特别会攒钱的高手，他曾跟李莎说：“投资不是买东西，要钱少办大事。如果你每次拿钱出来花的时候想到我，你的钱就不会亏了。”

李莎买这幅《最后的梦露》时，确实想起了马丁的叮咛。她知道，马丁有再多的钱，也不会投资在艺术品上。对马丁来说，艺术属于他欣赏，却看不懂的范畴。马丁自嘲说自己一点艺术细胞都没有，每次在展览中看到那些光怪陆离、奇奇怪怪的作品都是一头雾水，不知道艺术家们想表达什么。有一次，拉他来一起看画展的朋跟他说："你什么都不需要去理解，只需要用手托着下巴做沉思状，任何人来跟你聊艺术，你就说感受到了艺术家的痛苦。"

此时，马丁看到李莎买的这幅画时居然看懂了说："我没有感受到艺术家的痛苦,反而觉得有一种让我平和宁静的感觉。"这种难得的灵光一现，让他想到了投资的可能性，那就是低价买断之后，想办法通过炒作让作品升值，然后再高价卖出。如果说，真像德加所谓"艺术不是你所看到的，而是你让别人看到的"，那么马丁看到的就是资本的买断和潜在的升值。

朱莉亚低声跟乔纳森嘀咕着："看，搞资本的和搞艺术的思维简直泾渭分明啊！"

莫莉对马丁说："你懂金融，如果李莎与你成立基金，也算我一份，我看到了艺术，也看到了金钱！"

大家七嘴八舌都开始讨论基金会，也有的同意詹姆斯的说法，进行众筹。每个人都在各抒己见，发表着个人的看法。

李莎此刻问乔纳森："你们觉得这幅画比大都会博物馆的作品差到哪里？"

乔纳森说："如果从这幅画的品质质量上来说，这幅作品是大都会博物馆级别。"

李莎："我是说从画的内容本质来说。"

乔纳森："画的本身也无懈可击，有独特的艺术语言。"

朱莉亚问乔纳森："你觉得这作品有点像Chuck Close吗？"

乔纳森摇了摇头，语气坚定地说："最初看照片时，我确实有点这种感觉，他们都用方块作为构图的形式。但当我看到原作时，我觉得完全不是一回事。Chuck Close 通过在方格中填充不同的色彩，依靠视觉的混合效果形成整体印象。尤其是他 2014 年后的单色块风格，虽然有创新，但这位艺术家的作品走的是完全不同的路径。”

他指向画作，眼神中透着钦佩：“这位老画家的方块不是色彩的填充，而更像是没有文字的书法。他的每一笔都有一种东方书法的灵性，带着禅宗极简主义的精神。我从未见过这样的绘画语言。它简洁到极致，但同时又赋予了色彩最纯粹的表达力量。这种独特的笔法超越了技法本身，成就了一种视觉上的极致纯粹感。更重要的是，这不是模仿而是创造。”

在座的人听得全神贯注，乔纳森继续说道：“艺术最难的就是在现有的语言上有所突破。毕竟，世界上无数的艺术家努力了千百年，能够创造出全新绘画语言的屈指可数。杰克逊·波洛克就是其中之一。即使现在有无数人在模仿他，也没有任何人能达到他那样的影响力。”

他顿了一顿，深吸一口气，目光笃定：“艺术的本质就在于创造。圣经第一句话是‘起初，神，创造’，这也是艺术家最接近神性的地方。如果这位老画家在 2014 年之前就开始探索这样的绘画语言，他毫无疑问就是一位开创者，一代宗师。这样的创新足以让他与任何一位艺术大师平起平坐。”

这番话让房间里的每个人都肃然起敬，难怪乔纳森能够成为大都会博物馆策展部总监高级助理。

乔纳森接着补充道：“美术馆的使命是记录和呈现艺术史。我们必须发现和保护新的绘画语言和艺术家。错过这样的作品，就等于错失了一段艺术史的延续。就像任何一个没有杰克逊·波洛克作品的美术馆，都很难称得上世界级。”

他略微停顿了一下，欲言又止，最后低声说道："老实说，这幅画完全有资格进入美术馆，只是……"他没有继续说下去，目光复杂。

朱莉亚看着乔纳森，忍不住问："只是怎么样？"

乔纳森沉默片刻，轻轻摇了摇头："只是它的背后还有太多需要厘清的故事。"

莫莉："我才不管你们艺术圈的那一套，我看艺术只有喜欢不喜欢，没有其他。我喜欢这幅作品，我明白李莎为什么喜欢到买下来，因为与我母亲年轻时很像。"

莫莉边说边掏出手机给大家看母亲爱丽莎年轻时的照片。手机屏幕上，爱丽莎年轻漂亮的面孔出现在屏幕上。这是一张半身像片，爱丽莎身着芭蕾舞的白色纱裙面对镜头，她有着梦露般的大眼睛，高挑的眉骨和雕塑般的双唇。尽管，她看上去很年轻，不过十七八岁的模样，但气质却很成熟，有一种穿越时代的成熟感。

莫莉："这是她在上海四十年代拍的，大约是高中毕业时。她家族是俄国犹太人，大概是二三十年代流落到上海。她出生在上海，在上海法国学校上学，会说一口流利的法语。喜欢画画，也学过芭蕾舞。后来，她嫁给我父亲，选择留在上海。

朱莉亚好奇地问："后来呢？"

李莎："爱丽莎的家族 1952 年离开上海辗转来到纽约。但外祖母为了外祖父的缘故留在了上海，和自己的一家人就这样分开了。我和莫莉喜欢这张梦露就是觉得作品揭示了梦露内心的情感，在美丽之下有一种说不出来的失落和孤独感，好像我外祖母的那张照片充满了面对时代转折的某种迷惘。不是所有的艺术品都能反映出内在情感的。"

乔纳森："我很想找到这个画家，听他说一下创作动机。想知道背后的故事。好的艺术品都有一种吸引人们想窥探背后故事的力量。"

莫莉笑道："那你就问对人了，这位老画家说，收藏这幅画的人应该清楚，因为创作能量通过这张画已经传达给收藏的人了！"

乔纳森和詹姆斯听了,都被莫莉逗笑了,觉得她的话很搞笑。

李莎并没有接话，而是认真地问乔纳森："我觉得这张作品真的可以放到你们大都会博物馆的。"

乔纳森想了想，说："从技法、形式到色彩，这幅画绝对是大都会博物馆级别。但要被大都会博物馆接受，还需要艺术家的名气和背景。换句话来说，大都会博物馆接受的作品必须来自有名的收藏人及机构捐赠，而且这操作起来，过程就需要好多年。

李莎讽刺地说："大都会博物馆也是精英思维，必须有名气或者有财力。"

乔纳森无可奈何地摊手："我也没办法，这可不是我能决定的。"

李莎："那我们是否可以改变一下游戏规则呢？我们不再愿意只玩游戏，也想做规则制定人。"

这时，李莎已经决定了要想办法把着张作品放到大都会博物馆里，即便，这样做很不容易，但李莎一旦决定的事就一定会想办法完成，而能够帮助她解决这个问题的就是詹姆斯和乔纳森。但是，这件事风险很大，她又不想拖累两个人，因此，她心中一直七上八下，不知道如何处置。

她决定先跟詹姆斯摊牌，看看他是否有勇气来冒险。事不宜迟，现在就做，她的脑子飞快地盘算着。

听了李莎这么说，乔纳森瞪大眼睛问：“你有什么打算吗？”

李莎笑着摇摇头说：“有一些想法，我先跟詹姆斯探讨一下。”

朱莉亚说：“不管你们探讨什么，好玩的事儿带我一份。”

这是一场成功的聚会，李莎想要请的人都来了，大家都很喜欢她买的这幅画，这对李莎来说是一个最大的安慰。下一步就是如何把画偷拿进大都会博物馆了。她到厨房又开了一瓶酒，对着客厅的人们嚷嚷着：“都来喝酒，喝酒。”

莫莉瞥了她一眼说，偷偷问：“你喝醉了？”

“哪里！”李莎对她说：“我只是觉得今天的聚会太开心了，让我做了决定！”

从厨房望向客厅,熙攘的人群正在璀璨的灯光下喝酒聊天。越过他们的头顶，看得见梦露的画像正在向人们颔首微笑，仿佛也成为了聚会的一员。

客厅的窗外，曼哈顿由高楼大厦组成的天际线在夜晚中熠熠生辉。

# 第五章 冒险的代价

## 一、乔纳森

大都会博物馆外面是曼哈顿熙熙攘攘的人群和车水马龙。詹姆斯从一位正在弹吉他的街头音乐家身边走过，悠扬的吉他飘荡在繁华的街景上，带有东方情调的音乐似乎与周边格格不入，但这有些异国情调的音乐却吸引着观众对音乐家的瞩目。

这个街头音乐家每过一段时间就会时不时的在这里弹吉他，每次他出现周边都会围着很多游客。詹姆斯不禁想起了上次李莎路过这里时说的话："电吉他居然弹出古筝的韵味，好有江南流水的味道。还是纽约人才济济啊！"

想到此，詹姆斯停下来，待一曲结束，便把5元钞票放到音乐家面前的吉他箱里，音乐家点头向他致谢，一脸微笑让詹姆斯感到心里舒坦。

詹姆斯穿过大都会博物馆，从名画前面围拢的人群边上走过。他停住了脚步，看着人群中有人举着手机拍照，有人在名画前面自拍自己和名画的合影。他忽然想到李莎说的："我还是觉得我的那张梦露如果放到大都会博物馆，一定也会让人喜欢，尽管大都会博物馆的背书让艺术家和艺术都看起来不同寻常。但《最后的梦露》本身就与众不同，只需要放进去让大家欣赏就行。"

一个念头闪过头脑，他被自己的想法吓了一跳。

也许是李莎的 seed planting，也许是他的头脑发热，但是他想到了一个把《最后的梦露》放到大都会博物馆的主意。

他三步并作两步来到办公区的乔纳森办公室。

"哥们儿"，詹姆斯对正在电话上的乔纳森用他们熟悉的手势和唇语比划出："我今天中午请你吃饭。"

仍然在电话上的乔纳森抬头看到詹姆斯微笑点头，示意可以。

乔纳森比詹姆斯年长五岁，来自一个传统的艺术世家。父母在曼哈顿上东区经营着一家颇有声望的画廊。从小，他们就对乔纳森抱有很高的期望，希望他能子承父业。然而，乔纳森天生叛逆，对父母安排的人生规划充满抵触。他觉得画廊的商业化运作方式，让艺术成为交易的工具，失去了纯粹的美感。他甚至厌恶画廊通过暗箱操作让艺术家成名的行为，认为这背离了艺术的真正意义。

初中时，乔纳森的父亲移情别恋，导致父母婚姻破裂，两人的离婚战争持续了数年。这让乔纳森感到家庭的崩塌，也让他对人与人之间的信任产生了深深的怀疑。从初中到高中，正是他人生观和价值观形成的关键阶段，父母的婚姻破裂犹如一块巨石，砸裂了他对未来的所有憧憬。他渴望远离这种压抑的环境，追寻属于自己的生活。

高中毕业后，乔纳森毅然选择离开美国，前往欧洲寻找自己的道路。在法国，他加入了一家初创的艺术公司，担任策展助理。凭借敏锐的艺术眼光和对策展工作的热情，他很快得到公司老板——一位法国女策展人的赏识，两人发展成了一段恋情。乔纳森搬进了女友位于巴黎左岸的公寓，这段异国恋爱生活让他最初感到自由和新鲜。然而，随着时间推移，他逐渐意识到自己在这段关系中的角色发生了微妙的变化——他被完全掌控，无论是生活还是工作，女友都占据主导地位。这种感觉让他逐渐感到窒息，甚至开始反思自己父母婚姻中的问题。他忽然明白,父亲或许也是因为在婚姻中感到被控制,才选择逃离。

那段时间，乔纳森陷入深深的迷茫中。他开始质疑自己的生活方向,也重新审视与父母的关系。他觉得自己需要从头开始,去追求真正属于自己的目标。在女友毫不知情的情况下，他秘密申请了耶鲁大学的艺术史专业。收到录取通知书的那一刻，他立刻回到纽约，结束了这段让他窒息的感情。

回到纽约后，乔纳森的父母对他的回归感到欣慰，尤其是他主动选择重拾艺术教育。父母决定为他支付学费，让他专注学业，重新规划未来。在耶鲁，乔纳森遇到了两个人，彻底改变了他的生活轨迹。

第一个是朱莉亚，一位充满激情的艺术专栏作家。朱莉亚对艺术的独立见解让乔纳森深受触动，她的观点犀利却不失温度，总能一针见血地指出艺术作品背后的社会意义。在她的鼓励下，乔纳森重新思考自己对艺术的热爱，也意识到艺术不仅仅是交易的商品，更是一种沟通和表达的语言。

第二个是詹姆斯，一个性格幽默开朗的同学。詹姆斯的幽默与热情让乔纳森感到久违的轻松，而乔纳森的阅历和艺术见解则让詹姆斯心生敬佩。两人虽然在性格上截然不同，却一见如故，成为了彼此生活中不可或缺的朋友。

在耶鲁的日子里，乔纳森选择了艺术史专业，并在两年的基础课程后表现出色。他对艺术史的深刻理解和对作品细节的敏锐洞察力，让他在课堂讨论中脱颖而出。而詹姆斯则选择了市场管理专业，他对艺术市场的兴趣和商业头脑让他成为课程中的佼佼者。

毕业后，詹姆斯进入大都会博物馆，担任当代艺术行政部总监的助理。而乔纳森则回到父母的画廊工作，虽然工作稳定，但他始终感到缺乏成就感。一次偶然的机会，詹姆斯得知部门正在招聘艺术史专业背景的员工，立刻推荐了乔纳森。凭借扎实的专业知识和出色的策展能力，乔纳森顺利进入大都会，两人成为同事。

在大都会博物馆，乔纳森凭借敏锐的艺术直觉和卓越的组织能力，很快被晋升为当代艺术策展部总监的高级助理。他负责策划展览、联络艺术家、管理馆藏，成为当代艺术展览的重要推手。他与朱莉亚的感情也日益深厚，最终步入婚姻殿堂。在他们的婚礼上，詹姆斯担任伴郎，见证了好友的幸福时刻。

如今，乔纳森与詹姆斯不仅是同事，更是生活中的密友。他们在大都会博物馆的工作中相辅相成，一个专注于艺术本身，一个专注于市场运作，因此，两人无话不谈。

## 二、哥俩好

中午时分，詹姆斯和乔纳森来到了大都会博物馆附近的一家热闹非凡的的餐厅。他们在外面等座位的时候就热烈的讨论着什么，进入餐馆在一扇窗前坐下，詹姆斯仍然激动地跟乔纳森谈着李莎。穿着白衣黑围裙的侍者把一瓶 Pellegrino 放在他们餐具的旁边。餐厅里人声鼎沸，服务生穿梭不停，Pellegrino 的气泡在瓶中升腾，桌上摆好了餐具。詹姆斯滔滔不绝地谈着自己想帮助李莎实现将《最后的梦露》放进博物馆的计划，乔纳森一边听着，一边用叉子拨弄着面前的餐巾，眉头微皱。

詹姆斯听说，馆里很快就要举行一个当代艺术展，展出几个不同的当代艺术家，而这个展览的组织和执行者就是乔纳森的部门。詹姆斯因此觉得，这是一个千载难逢的好机会，

詹姆斯兴奋地说：“这次展览是个天赐良机！我们可以趁布展的时候，把《最后的梦露》偷偷挂上去。可以放在不起眼的位置，也许没人会注意到！”

乔纳森沉默片刻，缓缓开口：“詹姆斯，这可不是小事。一旦被发现，我们俩会被开除，职业生涯就全完了，甚至可能永远找不到工作。”

詹姆斯不以为然：“每天馆里那么多作品，谁会注意到一幅新画？这幅画本身就值得被展出，应该被公众看到。而且，也就几天时间，绝对不会有问题。”

乔纳森摇头，语气更严肃：“这不是有没有人发现的问题，而是你变得太吓人了，这种主意都敢想。我知道你喜欢李莎，但也不能被她牵着鼻子走啊。她各方面条件都这么好，又这么能干，你真的觉得她需要你做这件事来证明自己？”

乔纳森觉得，自从詹姆斯认识李莎后，詹姆斯就好像变了一个人。这些年来，詹姆斯换了不知道多少个女朋友，始终没有结婚的欲望和打算。他总是轻描淡写地说："婚姻？我还不想定下来呢。"但去年，詹姆斯遇到李莎后，对她一见钟情，立即展开了热烈的追求。可是，詹姆斯满腔热情地爱恋着李莎，李莎对待他的态度却若即若离。尽管她答应做詹姆斯的女朋友，却始终保持着一份距离，似乎没有像詹姆斯爱她那样也爱上他。

詹姆斯心中既迷茫又烦恼，而他唯一能倾诉内心困惑的人，就是乔纳森。乔纳森既是他的好友，又是他信任的倾听者。

乔纳森其实也欣赏李莎。她的艺术见解独特，观点深刻而真实，每一次关于艺术的讨论都让乔纳森感到新鲜和启发。然而，作为一个旁观者，他直觉到李莎与詹姆斯的巨大差异。李莎是一个经历复杂的女孩子，她背井离乡，孤身一人在陌生的国度里打拼，从无到有，靠自己的双手一点点建立起事业。她的坚韧和野心显而易见。而詹姆斯从小在纽约郊区富裕而平和的家庭中长大，生活舒适无忧，没有经历过大起大伏的人生，几乎从未真正为任何事拼尽过全力。

乔纳森看得出，李莎是一个目标明确、充满野心的人，她不会满足于安逸的现状，也不会轻易被动摇。而詹姆斯的生活态度却截然相反，两个人根本不在一个起跑线上。

乔纳森曾经劝过詹姆斯说："李莎这样的女孩子跟你不一样，她是第一代移民，全靠奋斗才能在纽约建立一个她所要的新生活。而你已经习惯了顺其自然的生活。如果，你想要跟她在一起，就必须为她作出改变，让她看到你愿意为她付出所有，赌一把！"

乔纳森的话可谓一针见血，深深触及了詹姆斯的内心。他明白，他忽然如此直拗地爱上李莎，绝对不仅仅是他对一个漂亮女人的喜爱，而是灵魂深处的某种觉醒。他从来不相信缘分，但遇到李莎后，他忽然觉得冥冥之中，他和李莎有一种说不清、道不明的深度连接。如果，他不想失去李莎，就必须作出一些行动来改变这一切。

此时此刻，詹姆斯当然听出好友的画外音，马上说："我和李莎的缘分不仅是这张画，她的家族与我的家族因为上海而有着密切的关联。你想想，这两代的后人可以跨越千山万水，在纽约相遇、相知，你不觉得是命运之手通过我和她将两段遥远的历史重新连接起来的吗？对我们来说，上海不仅仅是我们祖辈记忆中的一座城市，它更是一种情感投射和纽带，仿佛隐藏着属于我们的共同秘密。说实话，这幅画对她意义重大，是她外婆的象征，更是她认为的当代艺术的代表作。现在，她不过是想要把这幅画放到博物馆中几天而已，你说，我能袖手旁观吗？"

乔纳森叹了一口气说："哥们，我明白你的感情，但说实话，她又不是你老婆，你干嘛这么卖力？"

詹姆斯目光严肃地看着乔纳森说："她是我一生至爱，注定会成为我老婆的。如果，你能帮我把这幅画偷偷放进大都会，我就在这幅画前向她求婚。"

乔纳森被震惊了："求婚？哇，詹姆斯，你是玩真的，难怪你这么疯狂！原来被爱驱使啊！"

詹姆斯点头说："是的。我想让她知道，她的梦想是我的梦想。她值得我为她付出，也需要我为她付出。"

乔纳森心里明白詹姆斯说的，他能感同身受。他与詹姆斯之间的纽带除了耶鲁和博物馆之外，还有纽约这座城市。乔纳森从小生活在曼哈顿的上东区，与父母开的那家久负盛名的画廊很近。他在纽约长大，对纽约的一切了如指掌。相比之下，詹姆斯在纽约近郊的富裕地区 Westchester 长大，对曼哈顿同样有着深厚的理解和热爱——这里是他们生活长大的地方，也是他们情感和精神的连接点。如果说，詹姆斯的祖父与爱丽莎的命运交错因上海这个城市而构成了一幅未曾显现的历史往事，乔纳森与詹姆斯共同热爱的纽约又使得詹姆斯与李莎相遇，将三个背景完全不同的人连接在了一起，这难道不是命运的安排嘛。乔纳森知道，如果他不出手帮助，詹姆斯一个人很难完成这件事。如今，詹姆斯爱上了李莎，愿意为她赴汤蹈火，那么，乔纳森就无法坐视不管。他很清楚自己与詹姆斯的友情，只要詹姆斯需要，他一定会出手想帮，全力以赴，哪怕这是一场冒险。

乔纳森说："好吧，看来你是铁了心了，我也不能不管！"

詹姆斯乐的马上感激地说："你愿意帮我？谢谢你，乔纳森，你真是我的救星！"

乔纳森摇摇头说："不过我得告诉你，这个计划有很大的风险。如果处理不好，咱俩就都完了，失去工作是小事，一旦出了问题，那我们俩所要面对的是什么样的后果，我们有没有这个能力去面对？你得想清楚弄明白啊！"

詹姆斯明白乔纳森说得没错，这件事风险很大，但绝不能退缩。对他来说，他想要得到的不只是李莎的爱，他想让她知道，作为终身伴侣，他愿意支持她的每一个梦想。

## 三、准备工作

经过几天的深思熟虑，乔纳森觉得把画放进博物馆一事还是有操作空间的。

目前，展览的艺术品都已经放置在博物馆的地下藏品库中。如果能把《最后的梦露》作品想办法运到藏品库中就行了。布展时，工作人员会把这些艺术品按照编号搬进展厅的制定位置。乔纳森每天经手无数次这些艺术品的清单和编号，所以他非常清楚所有展品的来龙去脉。只要这张作品进入了博物馆的藏品库，一切都好办。难就难在如何把作品搬进来。

博物馆的地下藏品库与一层只有几个运货的货梯相连，而一层后门则只有一个警卫轮班把守。只要通过后面进入走廊，再进入货梯，就万事大吉了，因为一路上没有安保，只有24小时的摄像头把监控的内容送到监控室。

这时候，乔纳森想起来自己从小一同长大的哥们高为名，他有通天的本领，一定有办法将作品送进藏品库。

乔纳森的计划是，让高为名把画运进来，并派人关闭馆里的红外线监控系统，这样，他们就可以将画搬到藏品库里。乔纳森与后门的警卫之一Lee关系很好，因此，他只要跟Lee打个招呼，那天晚上让他值班，Lee工作多年，在警卫中很有名望，那些人都听他的。

为了保险起见，乔纳森把Lee叫到家里喝酒谈事。Lee是一个60出头的非裔，也是乔纳森的信任的死党。他通过乔纳森的介绍，在大都会博物馆已经工作了十多年，近期准备退休，正在办手续。当他听乔纳森说需要他帮忙把一件馆外的作品搬进馆内，马上拍着胸脯说没问题，这点小事包在我身上！

你的退休手续办好了吗？汤姆问。乔纳森问。

已经办好了，下星期是我在大都会博物馆工作的最后一个星期。

乔纳森听了，明白这件事只能在下星期完成，一旦Lee离开，这事儿就麻烦了。

## 四、关键人物“高为名”

世事常奇在无独有偶，而这种“偶然性”往往是促成一件伟大事情的关键，就像中国人常说的“天时、地利、人和”。

乔纳森想到找哥们高为名帮忙时，李莎和莫莉也在谈高为名。他们双方并不知道，高为民居然是他们彼此都熟悉的重要的人物。李莎和莫莉探讨着如何找人将《最后的梦露》搬进大都会博物馆。李莎原本打算找一家私人搬运公司偷偷把画运到博物馆后门，但莫莉提出反对：“这怎么行？！知道的人越少越好！我们得找高为名帮忙，他不仅专业，做事万无一失不说，还有一个关键的技术伙伴雷欧。”

莫莉的未婚夫高为名是一个有中国名字的美国人，他曾在美国海军陆战队服役，退役后读法学院，毕业后考到律师执照，在曼哈顿一家知名律师事务所担任初级律师。但高为名并不满足于循规蹈矩的职业生涯，他觉得每天重复处理文书和辩论并不能让他感到真正的成就感。几年后，他毅然辞职，开了一家私人侦探事务所，用他在海军陆战队训练的好身手以及敏锐的洞察力及丰富的社会经验，为各类客户解决了无数难题。

高为名擅长解决复杂问题，拥有广泛的社会关系网。他能轻松地和富豪、艺术家、甚至街头小商贩打交道。他不仅精通监控系统与伪装，还能快速应对各种突发状况。“没什么事是不能解决的，只要策略得当。”这是高为名挂在嘴边的口头禅。

这次行动对高为名来说，是一次“小儿科”的挑战。他知道，把一幅画偷偷运进大都会博物馆的真正难点不在于物理操作，而在于如何绕过馆内层层的安保系统。他研究了乔纳森提供的博物馆平面图和安保流程后，自信满满地说：“这事儿我能搞定。最大关键在于保持冷静，出了问题，谁都别慌。”

在行动前夜，高为名将团队召集到他的侦探所，展示了他提前准备的装备：伪造的货车标志、定制的运输绳索、红外干扰设备等。他还详地讲解了行动的每一步，以及如何应对突发状况。他的镇定和条理让团队中的每个人都对计划充满信心。

李莎和莫莉都清楚，高为名是为了莫莉参加的。他明白，支持李莎的梦想也是莫莉的心愿，而他想通过这次行动，向未婚妻证明自己不仅能解决复杂问题，也愿意为了她全力以赴。

高为名最信赖的技术人员是他的得力助手雷欧，一个电脑天才。雷欧成功地入侵了大都会博物馆的监控系统，并植入了一个隐形 bug。一旦启动，这个 bug 会用事先录制的空白监控画面取代实时画面。雷欧还准备了一台便携式红外干扰器，以防不测。

“监控和红外感应系统的问题已经解决，”雷欧信心十足地告诉高为名，“只要按计划行动，没人会察觉到我们的存在。”

行动前夜，团队成员聚集在李莎的公寓中。在厨房的餐桌上摊开了一张详尽的博物馆平面图，上面标注了展厅位置、摄像头分布和红外感应范围。

乔纳森在图纸上用笔圈出几个关键区域：“从后门进入，沿着这条通道到藏品库。这是我们的路线。凌晨 2 点到 3 点是红外感应器系统的自检时间，这是我们的唯一窗口。”

高为名眉头微皱：“自检只有一个小时，这时间够吗？”

雷欧：“技术上我绝对没问题的，如果按照计划来，最多只需要十几分钟而已。”

李莎和詹姆斯伸头看这个非常复杂的平面图，感觉事关重大，倒吸一口冷气。只有高为名沉得住气，异常冷静。他经历过海军陆战队的生涯，对处理紧急情况早就习以为常。再加上，他有雷欧这个得力的助手，更是心有成竹。

乔纳森嘀咕说：“天啊，这绝对是我职业生涯最大的赌注。

前几天，乔纳森再次与詹姆斯确定这事时，就一再问他是不是对此义无反顾，因为这涉及到他们两个人的前途。成功了不说，失败了一切就都失去了。

詹姆斯说：“我相信高为名的能力不差，一定能成！”确实，高为名的参与让他放了心，毕竟人家是专业啊！

高为名打断乔纳森的紧张嘀咕道：“我们的时间不多，再次确认一下每一步的细节。”

为了确保万无一失，乔纳森再次强调：“记住，这不是游戏。一旦被抓，我们都会面临严重后果。没有多余时间去纠结，所有人都必须执行计划。”他说着，将一份详细的安保流程文件递给高为名。

雷欧展示了一台便携式干扰器：“这玩意儿能让红外感应失效五分钟，但只能用一次，所以必须精确行动。”

高为名补充道：“进入博物馆后，每个人都必须严格按照计划行事，任何偏差都可能导致失败。”

李莎最后总结道：“大家记住，我们不是偷画，我们是在给伟大的艺术一个被发现的机会。”她的声音坚定，眼中充满信心。

# 第六章 行动之夜

## 一、“偷放”成功

夜晚，曼哈顿街头霓虹闪烁，一辆白色货车悄然驶向大都会博物馆的后门。车身上的“纽约艺术协会”标志在昏黄灯光下反射微弱的光芒，掩盖了它真实的用途。

这辆货车是高为名公司的。当天晚上，高为名带着雷欧和詹姆斯，满载着计划的紧张与期待。高为名早已准备好防护设备，为《最后的梦露》画作包裹上一层透明保护罩，并用从 Homedepot 购置的专业运输绳将其固定在车厢内。“动作要轻，别让绳子磨损画面，”他一边操作，一边小声叮嘱。

到达指定位置后，高为名一边解开绳索，一边低声对詹姆斯说：“小心，这画又大又重，搬的时候别碰到门框。”

詹姆斯紧张地盯着后门口，似乎能听到自己的心跳。

高为名对雷欧说："这地方不能久停，万一有人过来就糟了。咱们行动要快。"然后，他对詹姆斯说：你留在车上，万一有人过来，马上把车兜一圈再回来。

詹姆斯点头说好，马上坐在驾驶位置上。此时此刻，他感觉自己就像动作电影中的角色，浑身被紧张的细胞充斥着。

"监控已经切换，红外线干扰装置启动，有十五分钟窗口期，"雷欧在车内监视着博物馆的实时画面，屏幕上的摄像头显示一切正常。

几人迅速行动。就在这时，后门轻轻打开，把几个人吓了一跳。原来是 Lee 准时到达。他低声对詹姆斯说："库房那边乔纳森已经安排好了，别耽搁时间。"

高为名低声地说："所有人检查装备。动作要快，但要保持冷静。"

团队成员迅速检查随身装备：红外干扰器、便携式推车、工具包一应俱全。《最后的梦露》被安置在特制推车上。

大都会博物馆里，乔纳森耳中戴着微型无线耳麦，低声对团队说："警卫刚刚换班，还有十分钟的间隙。一切正常。"

进了大都会博物馆后门，到达特定红外线警戒区域时，雷欧使用随身设备解锁红外感应器。一个小型屏幕显示出红外线网格，他开始逐一屏蔽特定区域。

"四、三、二、一——走！"雷欧低声倒数，团队成员迅速穿过监控死角，向藏品库方向推进。

途中，雷欧的干扰设备突然出现微弱信号丢失。他紧盯屏幕，眉头紧皱："小问题，稍等。"随着他手指的快速操作，屏幕上红外线的网格逐渐暗淡，他自信地嘀咕："搞定。"

大都会博物馆内一片寂静，只有空气中隐约的嗡鸣声和监控摄像头的轻微转动。乔纳森走在前面，到达藏品库前，乔纳森迎上前，用门禁卡刷开大门。门锁卡停顿几秒，他的手心冒汗，屏住呼吸等待。“滴”的一声，大门打开，几人迅速进入。

将画作放置在仓库的指定位置时，乔纳森轻声提醒：“明天这里会布展，只要没人细查清单，画就能顺利混进去。”高为名点点头，低声说：“所有人撤离，别留下任何痕迹。”

撤离途中，远处传来轻微的脚步声和对讲机的杂音。高为名示意大家躲避，几人屏住呼吸，静静靠在墙边。警卫的身影一晃而过，雷欧低声说：“安全，继续。”

几分钟后，他们成功地撤回到货车里。高为名稳稳地启动车辆，驶入夜色。驶离博物馆几个街口后，他迅速放下詹姆斯，让他乘地铁回家，再开车离开现场。

詹姆斯站在地铁站口，回头望了一眼远去的货车，感到身后有微风拂过。他不由自主地打了个冷颤，快速闪身进入地铁站。街头的霓虹灯光映在他的脸上，折射出一种复杂的兴奋与不安。

## 二、爱战胜一切

高为名回到公司，看到等待已久的莫莉，告诉她画已经运到大都会博物馆，事情办得很顺利。莫莉兴奋地冲上前，吻了一下高为名后，马上给要李莎打电话。高为名阻止了她说：“你就省省心吧，詹姆斯自然会告诉她的。”

当天晚上，等在家中的李莎见到了深夜来访的詹姆斯。

詹姆斯一进门就一头栽倒在客厅的沙发上，累得好像刚刚跑完马拉松似的。

看到李莎端来一杯热茶给他，詹姆斯虚弱地说：我紧张死了，不过顺利完成任务。

李莎激动得紧紧抱住詹姆斯，声音发颤地说："你一定紧张坏了，我可以想象。"

詹姆斯抱着她说："为了你，一切都值得！"

李莎确实没想到，詹姆斯会真的为她冒险。虽然，她喜欢詹姆斯，但一直对他的循规蹈矩感到不满足。她欣赏的是那种敢于挑战、勇于冒险的男性。在她心中，能够在思想和行动上超越她、激发她的人，才是她真正心仪的伴侣。

在国内上学时，追求李莎的人不少，但她的目标明确，为了出国深造，从未认真恋爱过。来纽约后，她高挑的身材和独特的异国气质让她迅速成为男人们注目的焦点，吸引了不少追求者。她也尝试与其中的一些人约会，但始终没有找到能让她真正心动的人。

在众多追求者中，詹姆斯无疑是对她最认真、最用心的一个。他的真诚和执着确实触动了李莎的心，但这份感动并不足以让她考虑婚姻。对李莎来说，婚姻不仅需要外在的匹配，更需要灵魂深处的契合。她始终坚信，自己要嫁的男人，必须是一个能让她怦然心动的人，而不是一个尽管条件优秀，却让她内心感觉犹疑的人。

然而，此时此刻，李莎再看詹姆斯，眼前的这个男人已不再是她曾经熟悉的那个温文尔雅、按部就班的白领职员。如果说之前的詹姆斯在她心中只是一个主要配角，此刻，他已摇身一变成为故事的主角。李莎的心境在这一瞬间发生了微妙的转变，而看詹姆斯的眼神，也透出了与以往不同的情感波动。或许，这正是爱的火花在不经意间悄然点燃。

李莎直视着詹姆斯的眼睛，眼中流露出复杂而温暖的情绪，她低声说道："哇，真没想到，你居然愿意为我冒险，真的让我太感动了。"

说完，她拥抱住詹姆斯深情热吻。这一刻，詹姆斯惊愕又兴奋。他从未料到，自己今天的行动竟然会换来李莎如此炙热的回应。詹姆斯比谁都清楚，在过去一年多的交往中，李莎对他始终保持着若即若离的距离，似乎心里从未真正为他敞开。作为一个情场老手，詹姆斯交往过不少女友，也深谙爱情的变幻莫测。他一直秉持着不让感情暴露太多的原则，心中总留着一分防备，害怕投入太多后却无果而终。也正因如此，他的几段感情都因为他表面的冷漠无疾而终。但遇到李莎后，他以往秉持的所谓理性和原则却不再奏效，不惜放下身段追求李莎，他自己都不明白为什么。或许，这就是所谓的命运安排吧，他心想。

爱上李莎，詹姆斯才真正体会到以往那些女友在爱情中期待和失望交织的心情。他回想起过去的自己，不禁对她们感到几分愧疚。恐怕，这就是命运对他的惩罚，让他在心爱的女神面前变得如此毫无招架之力。

此时此刻，当李莎一反常态地激动拥吻他时，詹姆斯知道，转折的契机已经到来。他心中涌动着感激与喜悦，一边感谢上天的眷顾，一边用力拥抱亲吻心中的女神。在客厅昏暗的灯光中，两人的身影紧紧依偎，渐渐融为一体。那一刻，整个世界仿佛都消失了，留下的只有他们彼此之间燃烧的爱的炽热。

## 三、最后的布展

第二天一大早，乔纳森匆匆来到布展区域，看着工作人员从藏品库中将所有参展的作品搬出来，其中，就有《最后的梦露》这张作品。

他听到一个搬运工说：“这幅画也太沉了，我们应该让搬雕塑的团队来搬这幅画。”

另一个人也皱着眉头说：“是啊，他们是使用室内吊车来搬作品的。”

乔纳森赶紧跑上前去打岔，指挥着搬运工赶紧用推车将画推到指定的区域。他已事先在展品清单里偷偷输入了这张作品的信息和展位编号。

布展时，因为展品数量庞大，时间紧迫，根本没有人在意作品来自何处，工作人员只关注清单条目与展位编号是否匹配。

展厅内部，高大的白色墙面前，十几个穿着制服的工作人员正在一幅接一幅的安置画作和雕塑。搬运工按照乔纳森的指示，把《最后的梦露》挂到一个不起眼的一面墙，与几个雕塑放置到一起。尽管位置并不显眼，这幅画还是非常抢眼，一走进这个展厅，就会一眼注意到这幅鲜艳的作品。

“这画有意思，我喜欢，”一个布展人员随口说道，“感觉跟其他画不一样，有趣多了。”

乔纳森站在画的前面的雕塑旁，上下打量着作品。别说，李莎说的对，这幅画简直太漂亮了，让其他的作品都相形失色。虽然，他把这张作品放到最不引人注意的一个角落墙面，但是还是遮掩不住它的光彩。乔纳森看着画，目光复杂。他低声自语："这幅画真不该藏在一个角落里，它绝对属于主场的一整面墙。"

就这样，这幅画成为了大都会博物馆的一件展品。至于以后怎么办，乔纳森也没有多想。事到如今，只能走一步看一步。

# 第七章 艺术网红

## 一、展厅中的梦露

第二天开馆前，詹姆斯马上跑到这幅画的所在位置，左看右看，觉得这幅画简直太抢眼了，与周围的作品相比，显得格外鲜艳夺目，仿佛自带光环。

他偷偷跟乔纳森说：“这张作品在李莎哪里显得很大，到这里才正好。只是它太吸睛了，不会引人注目吧？”

乔纳森无可奈何地说：“也只能如此了。幸好这里的作品很多，名家又多，希望不会有多少人注意。不过、真的注意了，我们的目的就达到了。”

开馆后，李莎、朱莉亚和莫莉三个女人也一早就结伴前来，直奔主题而去。

哇！三个女人站在这幅画之前，忍不住感叹着这幅画太耀眼了。

李莎："我就说吧，这幅作品属于大都会博物馆这样的艺术圣殿。"

朱莉亚："这里空间更大，可以从远至近地仔细看这幅作品。"

莫莉早已在用手机拍摄着这幅画，她从远至近一直走到画前，将这幅画从远至近地拍摄下来，手机上可以看到这幅画的整体，然后慢慢随着距离的拉近而变得一块块色彩越来越大，从具象到抽象，最后屏幕上只剩下几块色彩鲜艳夺目，块块的笔触也看得清晰异常。

"老天！"朱莉亚说："你也太会玩了吧。"

这时候，几个游客开始在她们身边聚集，好奇地停下来跑过去看。"哇，玛丽莲·梦露啊！"。随着一声惊呼，有几个人跑到画前，让他们的同伴给他们拍照。

随着越来越多的人走进这个展厅，更多的人开始观看并拍照，有的帅哥美女甚至在画前进行自拍。

李莎乐得合不拢嘴，不断跟茱莉娅和莫莉说："我就说了吧，喜欢的人真的很多。"

三个人干脆走到远处，抱着胳膊看热闹。一波又一波的游客走进这个厅，他们纷纷在这幅画前留影、合照、自拍。不一会儿这幅画前就聚集起了一圈人。一波人走了又来一波，可以说络绎不绝。

莫莉不断用手机将这些情景都拍摄下来。"下次我来就带个单反"，她一边拍一边说："这情景太有意思了！"

看着络绎不绝的人群，一波又一波的走进来，都被《最后的梦露》吸引着走不动路，朱莉娅忍不住说："我应该写篇文章来介绍这幅作品。”

说完，她扭头对莫莉说：“你让你们家那位帮我找到这位老画家的地址，我要采访他。”

李莎马上阻止她说：“你千万别把事儿闹大了，这幅画可是我们偷偷放在这里的！”

朱莉亚遗憾的点头：“瞧我这职业病又犯了！”

《最后的梦露》前，陆续不断地有游客在观看拍照，仿佛这张作品是一幅引人瞩目的名画。

## 二、一战成名

没过几天，大都会博物馆里的《最后的梦露》就成了网红。有人把它的照片和视频放到了社交媒体上，一下子引起了众多人的转发。

一个星期过去，在社交媒体上，这幅画的照片和视频点击率已经达百万。这下子引起了当地媒体的注意。

朱莉娅所在报社的老板也跟他提起了这幅画，让她写一篇追踪报道发在专栏里。

朱莉亚打电话给李莎说：“如果我不写这篇报道，别人也会写，还不如我自己来写，这样对你对我和报社都公平合理。”

李莎急忙跟詹姆斯说了这事，詹姆斯又急急忙忙地去跟乔纳森商量。

眼看着这幅画居然成了网红，他们真是始料不及。尽管他们把这幅画放到大都会博物馆的目的就是要进行一场恶作剧，对现代的艺术进行一下嘲讽，但当这幅画真的成了网红的时候，他们又开始担忧了。

詹姆斯担忧这幅画的轰动，会让人们追踪这幅画的来历，把乔纳森牵涉进去。无论如何，他自己做的决定他自己可以承担这件事的后果。但无论如何他不愿意把好朋友牵扯进去。

而乔纳森担心的是对这幅画的追踪会导致他行为暴露。毕竟这样做,违反大都会博物馆的规定,他自己吃不了也得兜着走。

“我们本来只是想让更多人看到这幅画,现在它成了网红,这超出了我们的预期。”詹姆斯皱眉道。

“最担心的是，媒体追查画作来源，可能会暴露我们。”乔纳森叹了口气,“如果这事被发现,我们俩的职业生涯都完了。”

“这是我的主意，责任我一个人扛。”詹姆斯语气坚决。

曼哈顿的早上，天色有些阴郁，好像要下雨。心事重重的李莎刚到办公室，就被马丁拉住说：“我看到你那张作品上新闻了！”

李莎是又惊又喜，惊的是连马丁都看到新闻了。当初，她没有告诉马丁把画偷放进大都会博物馆这件事，毕竟知道的人越少越好。他已经忘了，马丁当初在她家看到过这幅画。喜的是自己认可的作品被公众传的沸沸扬扬。

李莎一下子不知道说什么好，开始有点吱唔起来。马丁用他犀利的蓝眼睛盯着李莎看了一会儿说：“难道是你把那张作品偷放进大都会博物馆？”

李莎迎着马丁的目光说：“是我找人干的。你知道，为了让更多的人看到这么美的艺术，我觉得必须这么做！”

李莎知道自己撒谎了，但她是在不愿意牵连乔纳森和詹姆斯，只能说是自己找人办事。

马丁摇头：“你办事太不严谨了，这种事怎么能找人做呢？

到时候人家把你告了，你一点办法都没有。我看，你还是找一个可靠的律师咨询一下。”

李莎：“让我再想想吧。实在不行，我找高为名，他曾经是律师啊。”

马丁脑子一转说：“一件艺术品都可以成为网红，看来，我们可以成立一个艺术基金，专门做艺术品投资，先从这个老画家开始。”

李莎：“原来我只想把这幅画放到大都会博物馆，哪里会想到居然成为打卡点。真是无心插柳柳成荫啊！”尽管，这幅画的成功给了她信心，但她清楚，现阶段的重心是如何应对眼前的局面。

## 三、怎么办?

那天下了班之后，参与这件事的几个人在詹姆斯的家中聚会，商讨对策。

布鲁克林威廉斯堡是布鲁克林曾经的工业区发展而来的艺术区域，街上依然看到曾经的厂房改建的公寓，街头的涂鸦以及东河边上高耸的新式建筑，看得到东河对面曼哈顿的楼宇天际线。曾经威廉斯堡是艺术家们的聚集地，但经过改建翻修以后的威廉斯堡却成了华尔街白领们最喜爱的地方，房价越长越高，开始与曼哈顿比肩。

詹姆斯的公寓就在这里的一个厂房改建的一层,宽敞亮丽，景色万千。傍晚的夕阳透过法式落地窗照射进来，在设计极简却精致的楼层投掷出橘色的光影。詹姆斯属于最早进入威廉斯堡的年轻人，一签约就是二十年。那时，房价远没有现在高，因此，詹姆斯的整整一层的价格相当与周边一房一厅公寓的价格。

李莎第一次来詹姆斯的家中就被周边的艺术感氛围，以及窗外的景色吸引住了，对詹姆斯的印象马上加分。布鲁克林的风景与曼哈顿的商业气息完全不一样，窗外没有高楼大厦，而是鳞次栉比的各色厂房区特有的屋脊及水塔形成的海洋，让她想起俯瞰中的上海老城区红瓦屋顶，一个个在阳光的折射下阴阳分明，错落有致，像音符一样充满跳动的律动感。遥望曼哈顿的方向，依稀可以看到天际深处的桥梁和曼哈顿天际线上的楼影。

从詹姆斯选择的住房，李莎就可以感到他生活的轨迹和喜好，而这些正是纽约本地人喜欢艺术的标记。

此刻，李莎与詹姆斯一群人正边喝酒边探讨着什么。厨房 Island 台面上是酒，各种小吃，水果，沙拉等酒水食物。

莫莉和朱莉亚躲在厨房，边看着莫莉做菜边议论着。

莫莉对朱莉亚说："高为名找到那个艺术家了，是一个从中国南方到纽约三十多年的艺术家，很少在艺术圈走动，也很少参展。不过关于他的传说到有很多。他目前不愿意接受面对面的采访，但愿意接受电话采访。"

朱莉亚："太棒了，能做电话采访已经很好了。"

莫莉："这事儿不会给詹姆斯他们惹麻烦吧？！你这篇报道一出来，艺术圈的人就都知道了。"

朱莉亚："我倒真是好好想写一篇，给他们艺术圈的人看一看，什么是真正的好作品！像他们那样玩自己的资本游戏玩得水泄不通，真正的艺术家却进不去的时代应该过去了。"

莫莉："我同意李莎的看法，这么特别的作品应该放到大都会博物馆去给大家看，而不是几个人私下津津乐道。如今这幅作品在大都会博物馆真的得到了大众的认可，看来有些艺术规则也得改改了！"

两个人越说越投机，似乎已经看到这篇文章已经开始改变艺术界的很多规则。

客厅里，詹姆斯，乔纳森与高为名几个男人边喝酒边商量对策。

詹姆斯："我们还是把这个画尽快拿出来吧，免得引起馆里老板们的注意。"

乔纳森："难就难在这里了！俗话说进门容易出门难，这幅画想要搬出去就没那么容易了！就成了偷画了。"

高为名："我们怎么进去的就怎么出来，能进去就能出来啊！"

乔纳森：你以为进出大都会博物馆像进出你家门似的呢？你没看很多把画偷放进大都会博物馆的人，有几个能把画偷偷拿出去的，还不是到最后被发现了。

李莎焦虑地说："真没想到惹出这么大的麻烦。当初我只想把画放在大都会博物馆里几天给大家看看。真是人算不如天算。"

乔纳森无奈地：我们还是把画先放在那里再看吧！李莎说的对，人算不如天算！我们只能把一切交给上帝！

詹姆斯祷告着："上帝保佑，一切都没问题！"

莫莉到客厅去的时候偷偷地把李莎扯到厨房说："原来我一直想，你又不是艺术家的经纪人，没有任何经济效益，干嘛冒这么大的险啊！现在我怎么觉得你这么做的原因还是想向你老爹显示，尽管你不再搞艺术，但还是有品味的。”

李莎皱起眉头：“小姨您咋就这么低维，凡事都是往物质的层面想。就不看看艺术属于精神范畴？！我看到艺术家的能量在他的作品中显现出来。我们喜欢的艺术像梵高，克里姆特不都是充满能量，能感动我们的内心嘛！”

莫莉揶揄：“难道你还真认为这张作品是梵高再现不成？”

李莎有点急了：“小姨您是真不懂还是假不懂啊。梵高属于高维艺术家，这张作品的创作者也是，只不过他们属于不同的时代，呈现的能量自然也不同。梦露本身也是艺术家，但很多人只停留在她肉体和外貌这一层，无法看到她内心的需求和情感。”

莫莉低声说：“我看詹姆斯绝对为你疯狂，这么本份的一个人连这种把画偷进大都会博物馆的事情都敢做，我以前可真是小看了他。”

李莎：“我也没想到他还有这么敢冒险的一面。太刺激了！”

莫莉偷笑：“原来看你对他也没多上心，现在爱上他了吧！”

李莎笑：“我只觉得他现在很性感，很值得爱！”

莫莉：“看来男人不需要多能干，只要敢为爱的女人豁出去，就可以抱得美人归。这下，你妈要知道可开心了。”

李莎收住笑容：“小姨，你千万保密，这事除了咱几个没人可以知道。”

莫莉端着刚炒好的菜开始往餐桌上放。餐桌已经布置得很漂亮，餐巾，餐具和蜡烛一应俱全。

大家落座后，李莎看着桌上的各色菜肴，轻声对身边的乔纳森说："也许这幅画会改变一些规则。"

乔纳森无奈一笑："但愿如此。不过改变规则的代价可能很高。"

窗外，穿过布鲁克林的夜空，跨越东河，对岸曼哈顿的夜晚依旧繁华，高楼霓虹交织成梦幻的画面。而大都会博物馆里，那幅《最后的梦露》静静挂在墙上，每天吸引着络绎不绝的观众。它的命运会如何，谁也无法预料。

# 第八章 天意或人意

## 一、朱莉亚出手

一大早，枕边的手机响了。李莎一看是朱莉亚的号码，马上接了起来。身边，詹姆斯仍然在呼呼大睡，仿佛世界上的一切都与他无关。

李莎看了一眼詹姆斯，轻手轻脚地下床，跑到洗手间。

朱莉亚："今天的报纸出来了，我已经把电子版发给你了，你先看看。"

李莎赶忙在手机上看朱莉亚发来的邮件，开始读这篇文章。不看则已，一看吓一跳，上面登出了《最后的梦露》这张画之外，还有她外婆爱丽莎的照片。原来，朱莉亚把爱丽莎的故事也放了上去，与《最后的梦露》隔着时代的大窗口，将历史与艺术结合在一起娓娓道来。

## 《最后的梦露》：一幅画的神秘与争议

### 记者：朱莉亚·沃尔顿

近日，一幅名为《最后的梦露》的画作在艺术界和社交媒体上掀起了轩然大波。这幅画不仅以其独特的艺术风格和深刻的情感内核震撼了观众，还引发了对艺术本质和传播规则的广泛讨论。从它神秘的创作者到它在大众面前的意外亮相，《最后的梦露》的故事如同一场艺术传奇，仍在持续发酵。

《最后的梦露》以其独特的方块画风格令人耳目一新。画作采用中国书法的笔触，将东方书法文字的块状与西方油画的色彩丰富性融合在一起。画中的玛丽莲·梦露形象既熟悉又陌生，她看得见的微笑充满我们所熟悉的偶像魅力，也透露着内心复杂的情愫，仿佛是梦露短暂而悲剧一生的写照。

从某个意义上看，每一个方块色彩仿佛代表着梦露人生的一个片段，碎片化的同时，又通过艺术家的创作重新组合成整体。如果说梦露代表着一个已经逝去的美国繁华年代，这幅画中所体现的看不见的梦露则代表了当代社会分裂中，人们对美国期望值的一种文化符号。

一位艺术评论家评道："这幅画不仅是关于梦露的故事，它映射了所有在社会变革与撕裂中失去人生意义的一代。他们的失落和迷惘从抽象的貌似支离破碎的方块连接在一起，形成我们今天所看到的具象世界：这种深邃的艺术表达令人震撼。"

《最后的梦露》背后的创作者是一位鲜少露面的神秘艺术家，据传闻，这位画家早年在20世纪80年代移民来美国，曾以抽象主义画作风靡一时。然后在经历了一段漫长的沉寂以后，他以一种全新的艺术风格，方块画重返公众视野。

据悉，这种画风融合了东方书法与西方油画的艺术语言独树一帜，令人过目难忘。尽管他本人几乎不出现在公众场合，但他的作品却始终是艺术界的热点之一。这种神秘感也为《最后的梦露》增加了更大的吸引力。目前这位画家谢绝了记者的采访请求，只告诉记者说他所有的艺术表达都在作品里，如果能用语言表达，就不需要画画了。他通过艺术将东方哲学中看山是山看水是水到看山不是山看水不是水，然后看山又是山看水又是水的理念表达得淋漓尽致。

《最后的梦露》这幅画在大都会博物馆的展厅意外亮相，出现在众多经典艺术作品之中，迅速引起了公众的关注和讨论。

画作展出后不久，社交媒体和新闻报道迅速聚焦于此。许多观众在参观后对它进行了热烈讨论，一些人称它为“21世纪最具洞察力的艺术作品”，另一些人则将它与“香蕉艺术”作对比，探讨艺术市场的价值体系。

“这幅画让我们重新思考艺术的本质——它不仅是技术和审美的体现，也是与社会对话的媒介，”一位资深艺术评论家说道。

在进一步了解这幅画时，我们发现，它不仅是一件艺术作品，还承载着一个深情的家族故事。这幅画的灵感与一位20世纪女性艺术家的生平密切相关，这位女性的故事成为画作情感内核的重要来源。

这位女性出生于上海的一个犹太家族，她的家族因20世纪初的动荡离开俄国，最终扎根上海。在她的一生中，她经历了爱情、战争、家庭的选择与遗憾。她的坚韧与对艺术的热爱为后人留下了深远的影响。

“这幅画是她未竟梦想的延续，也是对她生命的致敬，”一位知情者表示。画作中的梦露形象与这位女性的故事产生了深刻的情感呼应——她们都曾被历史切割成碎片，但灵魂却完整而鲜活。

《最后的梦露》的意外亮相，不仅挑战了传统艺术传播的规则，也让人们重新审视艺术的意义。它的出现引发了一系列关于艺术市场的讨论：艺术价值究竟由谁决定？是创作者、权威机构，还是大众的声音？

在当代艺术中，突破规则往往意味着重新定义价值。这幅画的亮相是一次实验，也是一种宣言：“艺术不再只是静态的作品，它是对社会的提问与回应。”

《最后的梦露》让人们重新思考艺术与社会、规则与自由之间的关系，完整记录的生命注入了新的价值。这幅画不仅是对玛丽莲·梦露的致敬，更是对所有在时代洪流中被遗忘和压抑的灵魂的纪念。它用艺术的语言提醒我们，历史未完待续，而我们都是这场对话的一部分。

李莎被被朱莉亚的文字打动，她读到最后，眼眶湿润了。她回到卧室，将詹姆斯推醒后，把手机递给他。

## 二、漩涡之中

乔纳森没想到朱莉亚居然在专栏上发了这篇声情并茂的文章。多年来，他与朱莉亚虽然是夫妻，但都有自己的事业，因此，也很少对对方的事情发表意见。

发稿之前，朱莉亚并没有告诉乔纳森。尽管他从詹姆斯那里听说了，但这几天内心的焦虑还是让他来不及想这件事。稿子见报的当天早上，乔纳森吃早饭时看报纸，才看到她的专栏。他读后马上叫住正在收拾打扮准备出门的朱莉亚说："你写的太棒了！"

朱莉亚原来担着的心瞬间放了下来，说："我一直没告诉你，就是担心你不同意。"

乔纳森说："我到现在已经是死猪不怕开水烫了。为了那幅画，我和詹姆斯担了这么大的风险。我都奇怪自己是不是疯了！"

"天啊！"朱莉亚揶揄说："只有李莎常说什么'死猪不怕开水烫'，你和詹姆斯受她的影响太大了！

乔纳森苦笑："原来我以为只有詹姆斯受李莎摆布，现在我也跟他上了贼船了。

朱莉亚走过来安慰他说："你做的是对的，无论如何，没有人敢做的事你和詹姆斯做了，这一生回头看时才会觉得值！"

乔纳森笑道："无论如何，你这篇稿子写得那么好，做这件事也值了！我隐约预感，这篇文章会让你彻底翻身，或许都可以成为知名艺术评论者。"

朱莉亚笑："知名就好了，我再也不用写自己不想写的内容了。"

乔纳森幽默地说："如果东窗事发，我工作被炒，就靠你养活我们俩个了。"

朱莉亚："那到好了，我们可以搭伙，一起策划，全身心地投入我们喜爱的艺术事业了。"

夫妻俩目光对视，拥抱彼此。在这一刻，他们感到能够拥有彼此的理解才是天下最大的幸福。

当天上班，乔纳森踩着轻快的脚步坐地铁来到大都会博物馆。一进办公室，刚刚坐下，他的顶头上司老乔就跑来说："乔纳森，你看到朱莉亚今天的专栏了吗，把我们馆藏作品好好地介绍了一下，写的真好。"

老乔在办公室里大加赞赏，"居然没人告诉我，馆里还有这么一幅玛丽莲·梦露啊！"老乔说的极是。玛丽莲·梦露一直是很多男人的梦中情人，这么一幅特别吸睛的作品，谁看了都会记忆深刻的。

乔纳森听了，心里咯噔一声。这正是最让他担心的地方，这篇报道让《最后的梦露》的风头彻底盖过了此次展览中的其他作品。更糟的是，他的上司老乔居然也注意到了这篇文章了。

乔纳森硬着头皮挤出一丝微笑："馆藏太多，恐怕是被忽略了。"确实，大都会博物馆中光是他们现代和当代艺术部的藏品就有上万件，涵盖了各种媒介，馆里的各部门自己都不见得清楚自己部门的藏品到底有多少。

老乔交代乔纳森给他写一份详细的报告，说明这幅画的来历和艺术价值。乔纳森心中暗叫不妙，他知道，这件事很可能会引起更高层的关注。

与此同时，朱莉娅所在的报社也收到了大量读者的回馈邮件，纷纷表达对朱莉亚文章的支持，也有的表示对这幅画的兴趣和赞赏。朱莉娅感到前所未有的满足，但她还是有些紧张，觉得这篇报道可能会对李莎和詹姆斯他们带来意想不到的影响。

## 三、孤注一掷

午餐时，乔纳森和詹姆斯照例来到大都会博物馆附近，他们最喜欢的那家时尚餐厅一起吃午餐。路过了大都会博物馆门前的街头音乐家时，詹姆斯照例在音乐家脚下的吉他箱子里放了几块钱。

在餐厅落座后，乔纳森忍不住跟詹姆斯说："老乔问我这幅画时，我心都停跳了。生怕他知道。"

詹姆斯安慰道：你这叫做贼心虚。只要我们不说，其他人也发现不了。

"老乔让我写报告。"乔纳森低声说，"这下麻烦大了。"

詹姆斯沉思片刻："或许我们该提前把画拿出来？"

"拿出来容易，但如果画不见了，大都会博物馆肯定会报警。"乔纳森叹道，"我们能瞒多久？"

"朱莉娅的文章写得太好了，"詹姆斯苦笑，"我们本来只是想恶搞一下，结果却让它成了网红。"

乔纳森无奈地摇头："人算不如天算。既然事情已经失控，我们只能走一步看一步了。"

这世界上的事情总是出乎意料。朱莉亚的这篇文章引起了很多人的共鸣，都纷纷前往大都会博物馆欣赏这幅作品。同时，几个不同的艺术网红都对这幅油画发表了各自的视频谈看法。就像星星之火可以燎原，不过一个星期，关于这幅作品的新闻报道也在社交媒体上火了。大都会博物馆主管部门的一位高级副总裁终于注意到了这幅画，找到乔纳森的老板老乔开会，想了解一下这幅画的来龙去脉给馆长报上去。老乔马上敦促乔纳森完成关于这幅作品的报告。

“这下子，得马上把作品搬走，不然不好交代啊！”乔纳森对詹姆斯说。

于是，当初同意搬画进去的那一伙人又紧急聚集在詹姆斯家中，商量对策。

莫莉在厨房里忙着炒菜，李莎和其他人在客厅里探讨下一步怎么办。

高为名说：“到了这个份上，我们别管那么多了，还是按照当初搬进来时的方式，把画再搬走。”

乔纳森说：“就算是我们顺利把画搬走了，大都会博物馆发现画没了，会报警的。”

李莎冷笑道：“哎，这就怪了，当初，我也想把画捐给大都会博物馆。但我不是名人，画又不是名家所为，所以被拒了。现在，我把我的画想拿走，他们又要报警。”

詹姆斯：“问题是，大都会博物馆不知道这幅画是我们偷运进来的，还以为是自己的馆藏呢，如果不见了，当然要追问。”

高为名：“追不追问是以后的事了，现在我们只能顾眼前，把画先弄出来，然后，再想对策。不然，这样下去，我们只能越来越被动。”

乔纳森：“也只好这样了，我们也想不出其他法子。”

李莎双手抱臂说：“这幅画是我的，我宁愿站出来承担一切后果，就说我雇人做的。”

高为名紧张万分：“哎，你千万可别说你雇我们做的！”

“你不能这么做！”詹姆斯也立即反对，“如果你暴露了，我们所有人都会被牵连。”

乔纳森叹了口气：“看来，我们只能赌一把了。”

李莎：“我出来承担的目的就是把你们解脱了，我怎么会牵连你们呢！”

詹姆斯嘘了一口气说：“我们还是先把画偷偷拿出来，再看着办吧，反正一切都已经不在我们掌控中了。”

等莫莉烧好了菜，一一把盘子端出来，大家已经停止了讨论。莫莉莫名其妙地问：“想出主意了？”

高为名对她说：“亲爱的，你就别管了，我们几个人解决就行了。”

## 四、做最坏的打算

晚上，大家都走了以后，詹姆斯跟李莎说：“没想到这幅作品真的成网红了，我们的麻烦也大了。”

李莎反而沉静下来，一边准备刷牙，一边说：“成网红了说明我的眼光没错，这幅画就是大都会博物馆级的好作品。这点我高兴还来不及呢。”

詹姆斯：“希望到时候，我们还像上次那样，把画顺利地搬出来。”

李莎：“既然干过一次，这次就不要担心了。”她过来拥抱住詹姆斯说。“詹姆斯，你真的为我做得太多了。如果出事，我不会让你背黑锅的。”

詹姆斯笑了笑：“别说傻话。我们是一条船上的人，一起上也一起下。”

李莎的眼神柔和下来，轻轻靠在他的胸口：“谢谢你，詹姆斯。”

李莎去浴室洗澡时，詹姆斯躺在床上，看着天花板想心事。这可是他做过的最疯狂的事了，他变得似乎自己都不认识自己了。一个多月前那个在大都会博物馆风平浪静上班的詹姆斯已经消失了，取而代之的是现在这个为了爱的女人，愿意将自己的未来都可以牺牲，一切都在所不惜的人。这个人如此陌生，连他自己都被吓了一跳。但 no pain no gain，一切都是有代价的，这是他自己的选择，他就有勇气接受这个代价。

在浴室里，李莎一边洗澡，一边也想着心事。她知道，为了完成自己的梦想，她拖累了詹姆斯和乔纳森，这么大的情谊，她一生都还不起。她决定，不管怎样，一旦出事，她要站出来来承担一切后果。做了最坏的决定后，李莎的心反而沉静下来，刚才咚咚作响的心跳也趋于平静。

夜深了，曼哈顿的城市灯光依然璀璨。在李莎的心中，一切如灯火一样都变得清晰异常。她知道，这是一场她必须承担的冒险，而这幅画的命运，也将改变她的人生轨迹。

## 五、回家路上

从詹姆斯家出来，莫莉与高为名开车回长岛的家。一路上，两人一直沉默地听着车里的吉他独奏。前不久，李莎总是把街头音乐家的 youtube 音乐频道发给莫莉听。莫莉很喜欢这些音乐，它们总让她想起小时候一去不复返的南方岁月每次开车都会听的这些音乐。

一直沉默着的高为名开口了："我不得不说，李莎的这件事如果按照公事公办收费的话，至少要几万块！"

莫莉忽然睁开眼睛："你什么意思，想收李莎钱？"

高为名："我只想让你知道，办这件事是有风险的。再说，在纽约开这么一个公司，开销大不说，一旦出了点事，名声金钱都没了！"

莫莉："我怎么觉得，这样说的是因为你担心会出意外，需拿钱出来说事。"

高为名情绪有点激动："我确实觉得李莎有点太孩子气了。就为了一幅画，非要弄进大都会博物馆去，想说明什么问题？改变人们对艺术的想法吗？也太天真了吧。现在，詹姆斯还好说，为了把李莎弄到手，这样拼了。人家乔纳森凭什么冒这么大风险啊，一但出事，职位丢了不说，说不定还面临大都会博物馆起诉呢！我呢，这样做也是为你，要是别人，我根本不会这样做的！"

莫莉原来有点生气，但听他这样一说，气没了，担忧却起来了。她紧张地说："你觉得偷出来的风险更大？"

高为名："当然，偷放进大都会博物馆和偷拿出大都会博物馆根本是两个级别，前者是热爱艺术，后者是偷窃啊！

我们相当于要成为窃贼，所做的一切是犯罪啊！”

莫莉想了想说：“上次乔纳森说一切交在上帝手中，现在，他又说赶紧拿出来，到底哪一个是上帝的意思呢？”

高为名说：“God helps those who help themselves. 上帝会帮助有所行动的人，我们只能先行动起来，此事成与不成都在上帝手中。”

莫莉叹了口气说：“我是支持李莎的，毕竟，艺术家太不容易了，像那位老画家，如果都没人买画，他靠什么生活？画廊为了利益，只愿意签约捧年轻的画家，上了年纪的画家作品再好，也无人问津，只能靠自己！李莎从小到大，就希望能够做些改变世界的事。假如人人都只想着利益，这个世界只能越来越糟糕。”

高为名说：“别说，你跟李莎真是一丘之貉啊，境界都是高人一筹。没错，当初我报考海军陆战队就是想为这个国家做点什么。当然，参军让我免费上了大学，读了法律系。但是，当律师不是我的梦想，帮助别人解决难题才是我的愿望。”

莫莉：“这也是为什么我喜欢你的原因，内心深处的理想主义情怀！”

“谢谢你，让我再次看清了生存的目的不是为了生存，而是为了改变。”高为名伸手握着莫莉的手，尽量装着轻松的样子说：“你就别担心了，我们当初成功地拿进去，就可以成功地拿出来。”

莫莉：我到美国这么多年，最怕犯法。幸好我已经是公民，不用怕绿卡被吊销了。

高为名笑：“你是我老婆，谁敢吊销你的身份，我跟谁没完。”

莫莉听了心里笑成一朵花，就没再说什么，思绪随着吉他声飘到很远。

她到纽约这么多年，结了一次婚也离了一次婚，谈过无数的男朋友，但没有一个人可以像高为名一样让她感觉心里踏实。虽说高为名比她小很多岁，但生活的阅历磨练成熟了他，让他的内心与外表看上去一样，高大刚毅。

高速公路上，车窗外灯火像星光一样灿烂，远处的曼哈顿的天际线开始变得越来越远。

# 第九章 铤而走险

## 一、冒险之夜

夜晚的纽约大都会博物馆一片寂静，沉重的脚步声响起，几个幢幢黑影小心翼翼地抬着一个沉重的物件。突然，警铃响起，在寂静的大都会博物馆里显得如此震耳欲聋，让几个抬着一幅油画的人吓了一跳。幽暗中，我们看不清这几个黑影的脸，但感觉到们明显低被警铃声吓倒，一瞬间似乎不知道怎么办了。

“糟了！”乔纳森说道，他是大都会博物馆的工作人员，此时此刻，他本能地松了手，让边上抬着画的一个人被突如其来的画作沉重地拽了一下，踉跄地几乎摔倒。

“他妈的！”那个人气冲冲地说。微弱的灯光中，我们看清那张脸是詹姆斯，大都会博物馆当代艺术行政部总监助理。

“肯定是意外碰到了红外线了！”有人低声说。这时，几个人都被警铃声吓倒。一个个面色仓皇地交换着眼神，仿佛在说怎么办。一个本来很圆满的计划，应该是天衣无缝的，怎么此时此刻居然出了这么大的问题，大家吓得不轻，都不知道该怎么办了，完全是一副被抓赃在手的表情。

最紧张的是詹姆斯，这个事件的总策划。此时此刻，他的紧张不是因为自己，而是因为其他人，这些都是他的好哥们，现在居然成了偷大都会博物馆艺术品的窃贼，他怎么向大家交代。此时此刻，他恨不得立马有一件隐身衣，将大家遮盖起来，或者，他可以变成外星人，用什么手段将他们这些人都变到火星去。

紧张却轰鸣的音乐在詹姆斯的头脑中回旋起来，他一时半会儿都不知道该怎么办了，吓得浑身冒汗，整个人都僵住了！

“詹姆斯，醒醒！”有声音从遥远的地方传来，止住了头脑中轰鸣作响的音乐，詹姆斯睁开眼睛看到眼前李莎关切的脸。

詹姆斯疑惑地眨眨眼，看着李莎。

李莎：“我被你的喊声惊醒，看到你手舞足蹈地挣扎着，赶紧把你叫醒。”

詹姆斯：“原来我在做梦，感觉跟真的一样。”说完，他把刚才的梦境告诉李莎。

李莎安慰他说：“你这几天心里太紧张了，才不断做梦啊。”

詹姆斯：“你不是说梦境意味着即将发生的事，或者灵魂已经做过的事情吗。”

李莎笑：“你以为你是在看《梦盗空间》嘛？！赶紧准备去大都会博物馆吧。今天就要搬画了。”

詹姆斯已经与乔纳森约好，今天一早在大都会博物馆开门前，就去把《最后的梦露》按照原来的路线搬出来。他赶紧看手表，发现不过是早上3点，心里安稳了些。他赶紧去浴室洗澡换衣服，做好出门的打算。清晨的噩梦让他内心深处的忐忑无法完全平复，他忍不住猜测，这是否预示着他们今天的行动不会顺利？他不敢再往下想，无论如何，这是他们最后一次行动，也是风险最大的一次。

## 二、行动失败

凌晨4点，大都会博物馆内的每一处都寂静无声。货车停在指定出口，雷欧守在车内，通过微型无线耳麦与馆内小组保持联系。

监控画面中，三个人影悄悄地移动着，似乎推着一辆手推车。带着微型无线耳麦的高为名走在最前面，动作轻盈，目光警惕如炬地不断观察着周边的动静。乔纳森与詹姆斯紧随其后，像惊弓之鸟一样，脸部表情和动作都让人捏一把汗。

“先等一下，前方摄像头右转，三秒钟后开始移动，动作要块。”雷欧的声音沉稳，指导着他们绕过一道道红外线警报和摄像头死角。

一切似乎顺利。三个人影来到了挂着《最后的梦露》的画作前，准备把挂在墙上的画拿下来。就在这时，高为名忽然注意到画框后似乎有亮点闪动,他赶紧叫乔纳森住手,不要再动画。

乔纳森看着亮点慌了手脚：“糟了”，乔纳森说：“他们已经给作品加上了RFID传感器了。”

“什么是RFID传感器？”詹姆斯悄声问。

“就是一种简单的无线识别系统，用于控制、检测和跟踪物体！”高为名简短地说，他马上问雷欧问怎么办。

雷欧说：“如果是这样，你们只能放弃。如果装了传感器，我们事先不知道，无法远程控制。”

高为名叹了一口气，说：“如果这样，我们只能放弃了。”

乔纳斯哭笑不得地说：“我们需要 Tom Cruise（汤姆·克鲁斯）的身手和器材才行啊。早知道，我们应该雇 Ocean’s Eleven（《十一罗汉》）的团队来干这件事。

詹姆斯又惊又气：“都这时候了，你还有空说笑？”

乔纳斯带着哭腔说：“我这人一紧张，就想开玩笑，不然的话，我太紧张了，会被吓死！”

詹姆斯感到自己也快拉肚子了，因为他一紧张，就想上厕所。“我要去洗手间一下”，他说。

高为名看到这两人的怂样儿，恨不得狠狠地各踹他们几脚。他心里暗想，以后出门办事绝对不能带他们这样的外行，真是成事不足败事有余。

高为名低声跟雷欧说：“那我们只好先撤了”。

雷欧同意说：“别急，先按照我说的路线慢慢退出来，应该没问题的。”

高为名低声对乔纳森和詹姆斯说：“没办法，我们撤吧。”

乔纳森和詹姆斯面面相觑，不敢再说什么，只能按照高为名的指挥行动。

手推车还拿吗？詹姆斯紧张得腿肚子发抖，声音都开始打颤。

高为名指挥说：“我们得把手推车一起带走，这样神不知鬼不觉，不然，会惹麻烦的。”

詹姆斯和乔纳森只好推着车子，小心翼翼地跟在高为名身后撤离。然而，就在他们走过一个拐角时，手推车的一个金属边缘无意间碰到墙边的传感器，瞬间，刺耳的警报声如炸雷般响起，打破了大都会博物馆的死寂。

“快撤！”雷欧在货车里通过耳麦低吼着。

三人迅速抛下手推车，朝着原路返回。然而，不过几秒钟的功夫，似乎所有的出口系统都被封闭了。

“门被锁了！”高为名压低声音，急促地问道：“雷欧，怎么办？”

雷欧快速敲地击着键盘，语气紧张却冷静：“往北走，二楼紧急出口！时间很紧，快点！”

三人飞奔向楼梯间，脚步声在空荡的大都会博物馆内显得异常刺耳。红色的警报灯光在头顶旋转，仿佛在为他们的逃亡敲响警钟。

“警卫正在东侧接近，你们只有十秒的窗口时间。”雷欧的声音急促，“跑得再快一点！”

三人加快脚步，冲向楼道。然而，就在他们即将踏上楼道里的一侧楼梯时，另一侧楼梯传来一阵急促的脚步声。

“糟了，警卫来了！”乔纳森喘着气，声音里带着一丝恐惧。

“先躲起来！”高为名冷静地判断，带着两人躲进一旁的一个像储物间一样的黑暗屋子。

储物间内，三人屏住呼吸，耳边只能听到自己的心跳声。门外，警卫的脚步声越来越近，他们甚至能听到对讲机中传来的交流声：“注意，嫌疑人可能就在附近！”

詹姆斯额头上冷汗直流，双手发抖。他低声说：“完了……”

“别说话！”高为名压着嗓子低吼。

就在警卫经过储物间门口的瞬间，詹姆斯不小心碰到了一旁的金属架，发出了“咣”的一声。门外的警卫猛地停下脚步，警觉地朝门看了一眼。

高为名屏住呼吸，用手势示意两人后退。他的手心攥得满是汗，眼神却依然锐利。

就在这时，警卫接到另一路的报告离开，脚步声渐渐远去。

雷欧的声音在微型无线耳麦中传来：“清楚了，现在去二号货梯，动作要快！”

雷欧的声音此刻成了他们的唯一依赖：“左转，走楼梯！摄像头会在五秒后转向东侧。”

三人飞奔下楼梯，每一步都似乎踩在自己的心跳上。楼梯间的墙壁回荡着他们急促的脚步声，而远处逐渐靠近的警卫脚步声让人更加绝望。

“前方出口被锁死。”雷欧的声音突兀地传来。

“怎么办？”高为名喘着粗气，回头看了一眼乔纳森和詹姆斯。

“改路线，西侧走廊，二号紧急出口。”雷欧的指令果断且精准。他的双手飞快敲击键盘，眼睛紧盯着屏幕上的远程多画面监控。

高为名听着雷欧的指示，冷静地带着两个人撤离。詹姆斯紧张得开始小声念叨：“拜托，拜托，千万别被抓到。”

三人飞速跑向备用出口，微型无线耳麦中传来雷欧急促的声音：“出口已经被锁死，转向西侧的货梯！快！”

他们跌跌撞撞地冲向货梯，按下按钮，却发现电梯迟迟不来。警铃声的回响中，他们听到远处传来警卫的脚步声。

“楼梯！”高为名迅速判断，指引着团队冲向紧急通道。

三人朝楼梯狂奔而去，大理石台阶上杂乱的脚步声咚咚。

红色的警报灯在头顶不断闪烁，催促着他们快速飞奔。

詹姆斯喘着粗气，差点在一个台阶上滑倒，高为名一把拉住他，连拉带扯地拽着奔向下一层。“别停，警卫就在后面！”

通过无线耳麦，雷欧冷静地指挥着：“出口门锁死了，赶快到下一层，货梯在三秒后到达！”

三人跌跌撞撞地冲下台阶，奔进刚刚到达的货梯，急着按下按钮，心急火燎地看着货梯门不紧不慢地缓缓关闭。就在他们冲进货梯的瞬间,远处传来警卫的脚步声和对讲机的喊话:“嫌疑人往西去了！立刻封锁出口！”

货梯门终于关上，乔纳森和詹姆斯手心全是汗。他们靠在货梯墙上，喘息不止。

货梯在底层停下，三人冲出楼道，进入后门。远处，警卫的手电筒光在四处扫射，警笛声刺耳地回荡在寂静的街道中。

“快上车！”雷欧已在车门外等候。他打开货车门，几个人一股脑跳上货车。高为名迅速地启动引擎，货车轮胎在地上划出刺耳的声音。

说时迟那时快，赶到的警卫的手电筒光已扫到了货车的方向。情急之中，只见高为名一踩油门，货车像离弦的箭一般驶离现场。远处的警笛声响起，几辆警车开始朝着大都会博物馆的方向疾驶而来。高为名仗着对周围地形了如指掌，不断穿梭在不同的街道上，为的就是甩掉任何可能的追踪。

他们不敢随便上高速，只能沿着街道窜来窜去，朝着下城的方向疾驶，直到远处警车的声音越来越远，最终彻底消失。

“没事了。”高为名长最终舒一口气说。货车在路灯暗淡的黑黝黝的街道上疾驰而去。

车厢内，乔纳森和詹姆斯瘫坐在地上，彼此对视了一眼，不约而同地苦笑。

“我们画也没拿到，却逃得比兔子还快，比动作影片还刺激。”乔纳森说道，好像为今天的事件做了总结。

“其实，今天凌晨我做的噩梦已经预示了今天的失败！希望噩梦就此结束了，别再有新的麻烦。”詹姆斯叹息着说。

高为名从驾驶座回头看了他们一眼，语气平静而冷峻：“我们没被抓到已经是奇迹了。还是赶紧想办法处理后事吧。”

尽管，他们成功地逃离了案发现场，但警笛声却依然在每个人的耳边回响。他们知道，事情还远未结束。

高为名小心谨慎地停下货车，正是李莎的公寓门口。还不到清晨 5 点，天色还是灰黑色一片朦胧，但纽约下城街上的早班交通已经开始蠢蠢欲动了。

# 第十章 出大事了

## 一、媒体哗然

清晨，阳光洒满纽约街头，但大都会博物馆内却弥漫着紧张的气氛。警笛声和警察的步伐在大都会博物馆外回响，闪烁的警灯吸引了不少路人的目光。头版头条的新闻已经铺天盖地：**《未遂盗窃案震撼纽约——目标是梦露画作？》**

大约六点，大都会博物馆的馆长和几名高级职员匆匆地赶到现场。他们站在监控室内，看着反复播放的监控录像。画面上，几个模糊的身影迅速地移动着，面部被面罩遮挡得严严实实，无法辨认。

“看样子，他们知道如何避开大部分的红外线和摄像头。”一名技术员解释道，“但是，红外线传感器发出的信号触发了警报，这才让他们不得不放弃。”

警察在展厅仔细检查后确认，画作《最后的梦露》并未受损，只是被轻微移动过。馆长松了一口气，但心中更多的是忐忑。

一名警探低声对馆长说："这群人显然是有备而来，但目前没有证据表明有内部人员参与。我们会继续调查，尽快给您答复。"

同一时间，纽约主要报纸的头版上都出现了大都会博物馆的照片和大标题：

**《纽约邮报》**报道题目："午夜惊魂：未遂盗窃案让梦露画作更具传奇色彩"

**《艺术评论》**报道题目："谁在觊觎梦露的秘密？"

**《都市时报》**报道题目："艺术的诱惑：为什么梦露画作成为目标？"

其中，《纽约邮报》的文章尤为煽情，详细地描述了盗窃未遂的过程，以及这幅画作最近引发的热潮。文章写道："这场未遂盗窃案让《最后的梦露》更加引人注目。尽管行动失败，但这一事件给艺术圈投下了一颗重磅炸弹。这不仅仅是一幅画，它现在成为了传奇。"

消息一出，纽约的艺术爱好者和普通市民蜂拥而至。大都会博物馆门前排起了长长的队伍，人们争先恐后地想一睹这幅"险些被偷"的画作。

展厅内，人潮涌动。《最后的梦露》成了绝对的焦点，每个人都站在画前驻足，试图从画中读出些什么。

"你看她的眼神，那种复杂的情绪，好像她在看透我们的一切。"一个年轻的观众低声说道。

“你知道吗？居然有人想偷这幅画。”另一个人兴奋地补充，“这是不是说明这幅画值很多钱？”

旁边，一对中年夫妇正在讨论：“不，这幅画的价值不在于价格，而是它背后的故事和感情。”

## 二、提心吊胆

一整天，李莎、高为名、乔纳森和詹姆斯这几个人都没过好，一直提心吊胆。下了班，他们都坐在李莎的公寓里，盯着电视上关于大都会博物馆盗窃未遂案的新闻报道。

“行动失败。”乔纳森打破沉默，他的声音低沉，却带着不甘：“都怪我没想到，画一旦进大都会博物馆，都会被装置上感应追踪系统。

“怕就怕我们被监控拍到了。”詹姆斯喃喃道，“虽然我们带着面罩，但以现代的科技手段，恐怕他们迟早会查到我们。”

雷欧冷静分析着：“监控画面模糊，加上你们戴了面罩和手套，应该不会暴露身份。

虽然，乔纳森和詹姆斯已是惊弓之鸟，但他们每天仍然要到大都会博物馆上班，了解第一手情况。大都会博物馆开始通知各个部门就《最后的梦露》画作情况提交报告，查一下这幅画的来龙去脉。

“这件作品不在馆藏记录中，也是件好事。”乔纳森对詹姆斯说：“因为没有记录，大都会博物馆无法证明这是自己的藏品，就没法确定这件事是偷窃未遂，这样就是我们有一天被发现，也不能指责我们偷盗。”

于是，乔纳森和詹姆斯分别向各自的上级报告，明确表示所在部门没有这件作品的记录。乔纳森以职业化的语气补充道："很可能是未被登记的临时借展作品。"詹姆斯则低调地附和着："我们需要进一步调查，但目前看来，它并非馆藏。"

几天后，来自其他部门的反馈证实了这一点。这幅画确实不在大都会博物馆的任何正式记录中。高层对此感到困惑不解：既然这幅作品不属于大都会博物馆，那它是怎么被放进来的？更令人不解的是，为何有人试图盗窃？内部调查陷入僵局。

与此同时，新闻报道的热度持续发酵。一些媒体记者挖掘到画作的作者信息，最终找到老画家的联系方式。然而，无论他们如何努力，老画家始终不愿接受采访，只回应道："我想说的都在我的作品中表达了。"

迫于舆论压力，老画家最终只同意接受一家知名新闻电台的电话采访。采访中，他语气淡然但坚定："这幅画是在布鲁克林一家支持艺术家的非营利画廊里被售出的，至于其他，我一概不知。我为什么画这幅画？嗯，源于内心的触动，梦露触动了我心里想说的话。"

老画家的这番话引发了关于艺术本质的讨论。一些人对他的故事和画作表示了极大的兴趣，另一些人则猜测他很可能是刻意炒作。但无论如何，这段采访让公众对《最后的梦露》背后的故事更加着迷，也让更多的人前往大都会博物馆参观。

几天后，警方召开新闻发布会，正式宣布他们已经锁定了几名嫌疑人，并对案件的最新进展进行了披露。发布会现场挤满了记者，摄像机的闪光灯不停闪烁，所有人的目光都集中在发言台上的警官身上。

"根据大都会博物馆内的监控录像，我们已经确认三名嫌疑人在当晚的行动路径。”警官沉稳地说道，他的手指轻轻点了一下台上的笔记本，身后的屏幕随即亮起。

屏幕上，监控录像的片段开始播放。画面中，三道身影显现在大都会博物馆的走廊里，虽然脸部因戴着面罩而无法辨认，但他们的身形和动作一目了然。录像中，每一个拐角、每一次躲避摄像头的动作都被记录得一清二楚。伴随着画面播放，现场的记者议论声四起。

电视新闻频道的主播在解说中强调：“这段录像清楚地展示了三名嫌疑人的行动轨迹。虽然面部难以识别，但警方正在通过更高精度的影像处理技术进一步锁定他们的身份。“警方相信，这是一场经过精心策划的行动，嫌疑人对大都会博物馆内部结构非常熟悉。据悉，警方已组织特别行动小组，并将持续跟进。”

“他们正在缩小调查范围。”乔纳森紧张地说，“再这样下去，我们迟早会暴露。”

“怎么办？”乔纳森皱着眉头看向李莎。

李莎沉默了一会儿说道：“我会向媒体坦白，把责任全揽在自己身上。”

“你疯了？”詹姆斯几乎跳了起来，“这样你会毁了自己！”

“这是我自己的决定。”李莎语气坚定，“是我把你们卷进来的，也是我该结束这一切的时候了。”

## 三、患难见真情

第二天，李莎约詹姆斯到东河边散步。布鲁克林的威廉斯堡就在东河边上，与曼哈顿一河相隔。站在威廉斯堡这一边，可以看到对岸曼哈顿壮丽的天际线，夕阳西下时分，更加美丽。

詹姆斯的公寓就在附近，因此，两人沿着街道，经过无数时尚的店面，来到东河边。站在码头的木板走廊上，两人眺望着黄昏中的河对岸，看着霞光染红所有的建筑。

李莎挽住詹姆斯的胳膊说："我决定出来承担责任，承认我是事件的主谋。"

李莎已经想了好几天，心理不断挣扎着。她每次看着《最后的梦露》，都能感受到一种不可言喻的力量，让她想起外婆的往事，她对艺术的热爱、对生活的执着。

莫莉跟李莎说："你知道吗，在最绝望的时刻，我父亲自杀后，爱丽莎也想追随父亲而去，但是，看到两个年幼的孩子，她的倔强占了上风，说再苦再难，她也会坚持照顾孩子长大。"

李莎听了，吃了一惊，没有想到爱丽莎居然也想过自杀。

莫莉给李莎看了爱丽丝写给她的只言片语："我遇见了你父亲。他是我生命中的灯塔，但我们的婚姻并不轻松，环境的动荡和改变让我们背负起沉重的负担和压力。在他离开后的那些看似无尽的寒冷夜晚，我总是翻出那些我年轻时画下的风景画，想起我们曾在上海街头上漫步的恋爱时光，那是我仅存的慰藉。"

李莎读了，热泪盈眶。她瞬间明白了自己为什么一直喜欢外婆画的老上海街景，因为里面承载了爱丽莎一生中最美好的时光，最难忘的爱。爱丽莎的勇气通过画面和文字传递出来，她年轻时对上海老街道的喜爱，以及与莫先生的恋情，后来的孩子们都是让她一生留在上海的动力。

李莎的眼前仿佛浮现出爱丽莎度过这些岁月的镜头，上海的外滩和街景随着时代的改变而不断渐变，几十年过去，一切都已经彻底改变，但唯一不变的是爱丽莎留下的爱与勇气。这种感觉穿过时空而来，在李莎最彷徨的时刻给予她最大的安慰和能量。她决定孤注一掷站出来承认自己是事件的始作俑者。尽管她知道，一旦承认是她把画偷偷弄进大都会博物馆，她可能名誉扫地，职业生涯从此完结。但无论如何，继续隐瞒下去对她的心理负担更重。

李莎听到自己头脑中的声音回旋往复："我不能让乔纳森和詹姆斯再担惊受怕了，他们在这件事上已经付出了太多的代价，我不能看着他们越陷越深！"

詹姆斯闻声大惊失色："你这是为什么，一旦泄露出去，会毁掉你的。"

李莎严肃地看着他说："这件事是我惹的麻烦，我不要你和乔纳森因此受到牵连。"看到詹姆斯担忧的眼神，李莎说："我知道你在担心什么，但我决定承担后果，因为这是我的选择。"

詹姆斯望着李莎，半晌无语。詹姆斯知道自己无法说服李莎，就像他无法阻止自己爱上李莎一样。

詹姆斯一直以为自己可以掌控一切，但现在他才明白，这个世界根本不在任何人的掌控中。就像那句谚语说的"When people plan, God laughs"（"谋事在人，成事在天"的意思）。现在，他忽然意识到，自己的世界早已因李莎失去了平衡。或许，这正是李莎吸引他的地方：她的勇气和决绝。他知道，李莎一旦做出决定，是不会改变的。这也是他为什么爱上她的原因。

詹姆斯与李莎彼此相拥，沉默地相望。霞光逐渐退去，夜幕降临，对岸的楼宇开始闪烁出各种灯火。不过一会儿，布鲁克林这边就沉浸在夜色之中，而对岸的曼哈顿仍然灯火辉煌。

## 四、主谋是我

第二天凌晨，莫莉还在昏睡，高为名推醒了她。

“什么事？”莫莉睡眼惺忪。

“哎呀，李莎在新闻中承认是她把画偷放到大都会博物馆并试图偷拿出来的，她说做这件事的目的就是想让大都会博物馆和公众看到一件货真价实的艺术品，以及它给人们带来的美感和震撼。”

莫莉一下子醒了，她慌忙地打开客厅看电视。果真，画面上出现《最后的梦露》和李莎的画面。

纽约几乎所有主要新闻媒体都报道了李莎的声明。她在电视采访中承认雇佣了一支专业团队，将画作偷放入大都会博物馆并试图偷偷拿出。她的目的只有一个，就是希望通过这次事件，让人们重新思考真正的艺术价值。

李莎的公开声明一经发布，整个纽约的舆论界炸开了锅。

新闻频道和社交媒体铺天盖地地讨论这次“艺术史上的冒险事件”。一些人称她为“现代的艺术罗宾汉”，认为她挑战了艺术圈的陈腐规则，为那些被忽视的艺术家发声。另一部分人则强烈地批评她，指责她破坏了大都会博物馆的规矩，甚至认为她的行为是犯罪。

“她用一幅画挑战了我们对艺术的定义，”一位艺术评论家在节目采访中说道，“无论你同意与否，她的行为已经成为一种现象，迫使我们思考艺术的意义和规则。”

与此同时，大都会博物馆方面处于了进退两难的境地。

乔纳森和詹姆斯心里清楚，随着李莎主动承认责任，压力已从他们身上卸下。

乔纳森私下对詹姆斯说："李莎的举动救了我们。现在所有的注意力都在她身上,我们只要不主动爆料就可以全身而退。"

詹姆斯却无法感到轻松。他知道李莎这么做是为了保护他们，但他无法忍受让她独自面对舆论的压力和法律的后果。他决定在必要时也站出来。

随着事件的发酵，各大艺术机构和画廊均纷纷表态，认为这件事揭示了艺术界的深层问题：规则是否真的服务于艺术?

一位资深艺术学者在电视采访中说："这次事件让我们看到，艺术不应该被资本和规则束缚。李莎用她的行动提醒我们，真正的艺术属于大众，属于灵魂之间的互动而不应被某些人的商业利益控制。"

然而，也有人认为这是一次精心策划的炒作。一些批评者指出，李莎的行为可能是为了提升这位老画家的市场价值，最终为她带来巨额收益。

面对这些质疑，李莎在接受采访时平静地回应："我没有任何经济目的。这幅画的价值在于它带来的感动，而不是它的价格。我只是希望更多人能够看到真正的艺术，重新感受到艺术的力量。"

李莎还表示，如果大都会博物馆愿意接受，她就马上把画捐给大都会博物馆，因为，作为人类的精神财富，优秀的艺术品属于大众、而不是私人的收藏。她的诚恳态度赢得了公众的赞誉，让不少人转变了立场，甚至有一些人开始支持她的行为。

# 第十一章 爱是选择

## 一、老将出马

就在事态发展的关键时刻，李莎的合伙人马丁出马了。

马丁是一位成功的华尔街投资人，曾经是李莎工作过的银行副总裁。他在工作中发现了李莎的才华，欣赏她在数字和投资方面的敏锐直觉，以及过人的执行能力。他提拔李莎管理公司的百亿基金的同时，不仅看到了她的职业潜力，更感受到了她对事业的执着。这种深厚的合作基础，培养了马丁对李莎的欣赏与信任。

尽管，马丁是个实用主义者，看人的眼光却很犀利。他在李莎身上看到了自己年轻时的影子——不甘平庸、勇于追求的精神。虽然，马丁号称自己不懂艺术，也不投资艺术，但他在李莎的行为上重新思考了艺术的意义。李莎为了让《最后的梦露》被更多人看到而冒险，她对艺术的执着信念打动了马丁。他意识到，艺术不仅是市场上的交易品，更是能够连接人心的精神连系。李莎的行为让他看到了具有精神和能量的艺术，它的真正的价值超越了所谓市场规则，这激发了他想要支持她的决心。

马丁在纽约的投资和人际关系上都很有能力。这么多年的经商让他担任了很多机构的董事。其中一个机构的董事就是纽约这家大都会博物馆董事会的董事。他联络上了董事长，提出了他的建议，无论如何也好促使双方达成双赢的局面。董事长召集了董事会议，提出了马丁的建议，董事会也不想把这件事搞得过份，同意由董事长和法律顾问出面与马丁谈判，促进双方达成一致意见。

马丁在一个曼哈顿的早晨，正式与大都会博物馆的董事会成员及法律顾问见面，整个会议室的气氛紧张而凝重。

“这幅画不是你们的藏品。”马丁直截了当地开场，“这里有完整的购买记录，证明它是李莎通过合法途径获得的私人财产。她的行为可能违规，但绝对不是犯罪。”

法律顾问翻看文件，皱着眉：“她擅自将私人艺术品放进大都会博物馆，无视大都会博物馆的规则，这是对现存法律制度的挑衅。”

马丁微微一笑：“这也是对艺术本质的呼吁。公众的反应足已证明了这幅画的影响力，为大都会博物馆带来了前所未有的关注。与其追究李莎的法律责任，不如将它合法化，接受这幅画的捐赠。”

“捐赠？”法律顾问流露出意想不到的表情。

“是的。李莎愿意将《最后的梦露》捐给大都会博物馆，作为永久收藏。”马丁语气坚定，“作为回报，大都会博物馆不对她提起法律诉讼。这不仅可以平息舆论，还能借机宣传大都会博物馆的开放与包容。”

董事长沉思片刻，与顾问低声交流后，最终点头：“这似乎是最好的解决方案。”

大都会博物馆很快发表声明，宣布接受李莎的捐赠，并澄清《最后的梦露》并非大都会博物馆藏品，而是一次特殊的行为艺术。大都会博物馆同意接受李莎的捐赠，永久保存这一幅具有现实意义的作品、并予以展出。

高为名作为李莎的律师，陪同她与大都会博物馆签署了捐赠协议，阐明大都会博物馆对她的行为既往不咎并接受她的捐赠，继续展出作品。

消息一经发布，立即引发了更大的轰动。这是大都会博物馆首次接受一个非名人藏家的画作捐赠，对公众的影响可谓巨大。公众就此纷纷称赞大都会博物馆的开明态度，媒体也详细报道了此事的始末。

詹姆斯激动地拥抱李莎说：“你做到了！你改变了规则，改变了艺术的未来。”

李莎微微一笑，看着窗外灯火辉煌的曼哈顿，感到一种从未有过的满足。她知道，这是所有热爱艺术的人的共同胜利。

声明一出，媒体蜂拥而至。报纸、电视、网络平台纷纷报道这一事件，从李莎的动机到画作的历史背景，再到大都会博物馆的回应，每一个细节都成为舆论的焦点。

## 二、一篇艺术报道

朱莉亚抓住这个机会，马上撰写了一篇深入的报道。文章以李莎的购画原因为起点，讲述了她如何因为对艺术的执着和信念，将这幅画偷偷放进大都会博物馆的全过程。她还描述了事件背后的哲学思考：艺术的价值究竟由谁决定?

“这不仅是一次对艺术规则的挑战，更是一场关于信仰与勇气的实验。”朱莉亚在文章中写道，“《最后的梦露》不仅是一幅画，它是一面镜子，映照出我们对艺术和规则的重新审视。”

### 《艺术的边界：一幅画如何引发一场信仰风暴》

**作者：朱莉亚·沃尔顿**

纽约从不缺乏传奇，而《最后的梦露》的故事，无疑是其中最具争议的一章。

一幅画——既未列入大都会博物馆的藏品名录，也不在任何策展计划中，却奇迹般地出现在展厅中央。随之而来的是一次惊心动魄的“盗窃未遂事件”，媒体的狂热报道与公众的广泛争议，将这幅画推向了艺术与规则的舆论风暴中心。

而这一切，始于一位普通的艺术爱好者李莎——她的大胆举动震撼了艺术界，也挑战了规则的边界。她以极端方式将这幅画偷放入大都会博物馆，意图让更多人欣赏艺术的力量。然而，她的行为究竟是艺术的大胆实验，还是规则的肆意破坏？这是整个事件背后，关于艺术价值和规则意义的深刻讨论。

玛丽莲·梦露，这位20世纪最具标志性的偶像人物，早已成为文化记忆中的传奇符号。然而，《最后的梦露》却以一种从未有过的方式重新诠释了她的形象。这幅画结合了中国书法笔触的油画，每一块色彩仿佛是梦露人生的拼图，既碎裂又完整。

“这幅画不仅仅是对梦露的致敬，它更是一面镜子，映射着我们对偶像化文化的消费，以及背后隐藏的忽视与冷漠。”朱莉亚在文章中写道。梦露的微笑依然迷人，却多了一层深沉的孤独。她的眼神穿越画布，似乎在质问：“你们真的了解我，还是仅仅消费了我的形象？”

艺术是否需要规则？规则的存在是保护艺术，还是阻碍艺术的传播？李莎的大胆行为，恰好挑战了这些问题。

她选择了一种极端的方式，将画作偷运入大都会博物馆，试图绕开规则，让公众直接感受到艺术的力量。尽管这场行为艺术最终引发了法律与道德的争议，却也迫使人们重新思考艺术与规则之间的微妙关系。

“李莎的行为就像一场社会实验。”朱莉亚评论道，“它让我们质问：艺术的价值究竟是由市场与机构决定，还是由公众的情感与共鸣决定？”

《最后的梦露》不仅仅是一幅画，它也是一段家族情感的承载。李莎将这幅画视为对她外祖母爱丽莎的致敬，这位从俄国辗转到上海的犹太移民，以独立与坚韧书写出自己的传奇人生。

爱丽莎的故事横跨世纪，承载着战争、迁徙与个人奋斗的记忆。而在《最后的梦露》中，李莎似乎看到了外祖母的影子——表面上的光辉掩盖了内心的孤独。她借助这幅画，不仅寻求艺术的意义，也找到了与家族历史的深层联结。

老画家，隐居多年的艺术家，拒绝市场的诱惑，也拒绝一切规则的束缚。他的画作不仅是技法的结晶，更是一种哲学的表达。

“艺术的灵魂在于触动，并非价格的标签。”朱莉亚写道，“老画家通过《最后的梦露》，以近乎执拗的方式提醒我们，艺术不需要规则的认同，也不依赖市场的评判。真正的艺术属于每一个能够感受到它的人。”

随着新闻报道的持续发酵，公众对《最后的梦露》的讨论也越发激烈。一部分人将李莎视为“艺术的解放者”，认为她用勇气打开了艺术的新边界；也有批评者指责她破坏规则的神圣性，称她的行为是一场鲁莽的冒险。

“这是一场关于艺术的讨论，也是一次社会规则的反思。”朱莉亚在文章中总结道。

“《最后的梦露》的意义，远超其画布本身。”朱莉亚在文章结尾写道，“它不仅是一幅画，更是一种语言，一种跨越时间、空间和规则的沟通方式。”

通过这篇报道，朱莉亚试图让人们重新思考：艺术的真正归宿是什么？“艺术的终点，不在大都会博物馆的墙壁上，也不在拍卖行的账单上，而在每一个感受到它、被它触动的灵魂中。”

这篇情感深刻的报道刊出后，赢得了读者的热烈反响。有读者留言：“第一次觉得一幅画能够承载这么多故事，它让历史变得触手可及。”另一位评论道：“朱莉亚让我们看到了艺术与人性的深度交汇，我被深深地打动了。”

在赞誉的同时，朱莉亚的文章也招致了广泛的争议。许多人称赞她为艺术界带来了一场“清醒警钟”，认为她明枪暗炮地指出艺术市场的荒谬，触及了艺术本质的核心。然而，也有不少人对她的观点提出了质疑。某著名艺术评论家在接受采访时表示：“艺术的价值本来就是多元的。无论是市场规则还是个体追求，都是艺术生态的一部分。朱莉亚的文章一厢情愿地对某个画家、画作和藏家歌功颂德，忽略了艺术的复杂性，也让人质疑她的立场。”

有人甚至跳出来指责朱莉亚的动机，认为她借助这篇文章制造争议，是为了吸引眼球、增加个人的影响力。一些激进的声音攻击她为“不入流的写手”，失去了艺术展览作家应有的立场。

随着各种争议的发酵，朱莉亚陷入舆论的漩涡。一方面欣慰于文章的广泛传播，另一方面却感受到前所未有的压力。

在曼哈顿一家餐厅的晚餐中，朱莉亚感慨地对乔纳森说：“估计我这篇文章得罪了不少人，说不定，我的专栏最后还要被换人呢。”

乔纳森感觉到了朱莉亚承受的巨大压力，这种感觉让他心疼。朱莉亚是他生命中最重要的人，让他在人生最迷惘的阶段找到方向，给了他一个家的港湾，让他感受到爱的温暖。曾经，他对艺术充满了反叛，不愿意接手父母的画廊，跑到法国住了好些年。即使报考耶鲁也是为了逃避他自己在法国陷入的一段让他深感窒息的关系。直到他遇到朱莉亚，被她对艺术的真实看法吸引，觉得终于遇到知音，精神上不再有独行感。他曾经是一个浪子，不再相信婚姻。如今，他在全球顶级博物馆担任要职的成员，婚姻伴侣是他的灵魂知己。如果没有朱莉亚，就没有他乔纳森的今天。此时此刻，朱莉亚面对人生挫折时，他必须让她感到他也是朱莉亚的港湾，支持她去做人生更重要的事，完成她的使命召唤。

于是，乔纳森握住朱莉亚的手说："如果真是那样到好了，你不如干脆辞职回家，好好写一本书，把这些事全都记下来。"

朱莉亚惊讶地看着他："一本书？"

乔纳森点头，握紧她的手："我们有些积蓄，足够你写上一两年。这本书出来后，读者就会明白你对艺术的所有看法。"

朱莉亚沉思片刻，忽然眼前一亮："或许你是对的！我该写一本书，不只是为自己，也是为了那些依然相信艺术的人。"

朱莉亚开心地紧握乔纳森的手。在那一刻，她忽然明白了自己的使命是什么。

人声鼎沸的餐馆中，一切喧嚣忽然远遁，成了背景。两夫妻开心地隔着餐桌深情相望，彼此双手紧握，仿佛回到了当年初相识、相恋时的美好时光。

## 三、庆功会

在李莎的公寓里，大家为这件事的圆满结束进行了一场庆祝。

客厅中，红酒和香槟已经摆满桌子。李莎举杯向大家致谢，说：“我们为了艺术，不惜名利地位，干了一件我们一生都难忘的大事。因此，我感谢大家。”

詹姆斯、乔纳森和朱莉亚、Lee 夫妇，莫莉和高为名、雷欧都纷纷举杯庆祝。

乔纳森说：“天啊，这件事将是我一生做过的最无厘头也最有意义的事情！”

詹姆斯：“虽然我们以失败告终，但结果却好得超乎想象。感谢我的哥们乔纳森和高为名，没有他俩，估计那天我肯定被抓住。”

高为名呡了一口红酒借机揶揄：“我以后干事绝对不能找业余选手，关键时刻掉链子！”

Lee 开玩笑说：“谁让你们那天没找我呢，说不定偷成功了呢！”

莫莉嚷嚷着：“哎，别说偷啊，我们这叫做拿回来，本来就是李莎花钱买的，近二十万呢！现在捐给大都会博物馆太便宜他们了！”

Lee 倒抽一口冷气：“啊，这么贵？我好几年的工资啊！”

李莎微笑着：“不是这么说的，大都会博物馆愿意接受，反而是圆了我的梦！我的梦想之一就是捐赠一幅画给大都会博物馆。这个梦实现了，看下一个了。”

马丁插嘴说：“大都会博物馆原来要给李莎购画钱的，但李莎不要，她要正式捐赠！”

众人都发出一片惊叹之声，朱莉亚笑着举杯：“好吧，为李莎的格局干杯！也为这次事件的圆满结束干杯！”

乔纳森点点头，举杯对雷欧说道：“不过，还得感谢雷欧。

没有他的技术支持，我们绝对跑不掉。”

已经喝的有点醉意的雷欧在一边摆手说：“你们还是感谢高为名吧，我是冲他才做的。”

乔纳森说：“我做这件事只为一个原因，那就是被詹姆斯对李莎的爱感动。”

乔纳森说完看着詹姆斯，用眼睛示意他什么。

詹姆斯心领神会，马上放下酒杯走到李莎跟前说：“亲爱的，为了你，我愿意赴汤蹈火。”

众人都欢呼起来，敲着玻璃酒杯，敦促他们拥吻。詹姆斯抱起李莎原地转了一个圈后，把她放下，然后，两人深情拥吻。

客厅里，想起了悠扬的吉他曲。原来莫莉早有准备，已经在留声机上播放她从街头音乐家那里买的唱片。

詹姆斯忽然在李莎前面单膝跪了下来说：“李莎，你是我最心爱的人，自从第一次见到你一见钟情，缘分已将我们合二为一。我愿意与你永远在一起，Would you marry me?（你愿意嫁给我吗？）”

这是詹姆斯第二次向李莎求婚。众人的目光都盯着李莎，屋子里面忽然一片寂静。

李莎看着眼前的詹姆斯，心情起伏难以言语。她认识詹姆斯一年多了，从来都没有想到，詹姆斯就是她的归宿。一个月前，詹姆斯向她求婚时，她还觉得好笑。而今，她对詹姆斯的看法彻底改变了。当一个男人愿意为一个女人赴汤蹈火，她还等什么呢？！

于是，李莎低下头看着单膝跪在地毯上的詹姆斯说：“我们的缘分到了，我愿意！”

詹姆斯激动地跳了起来，紧紧抱住李莎再次热吻。

李莎说："你要感谢《最后的梦露》这幅画，是它将我们两个最终连接到一起。"

大家都开心地祝贺詹姆斯和李莎，分享着他们的快乐。

透过玻璃,看得到曼哈顿中城的天空弥漫在夜色的霓虹里，显得格外美丽。

## 四、家族传记

高为名和莫莉开车回长岛的路上，听着街头音乐家的吉他独奏，接着聊《最后的梦露》。

高为名用不无钦佩的语调说："莫莉，我得说，李莎真是不为名利，只为艺术的一个人，我算是服了她。原来我其实蛮生她气的，觉得她为一个毫无关联的艺术家和艺术品，让大家冒险。"

莫莉语气调侃："你早就知道我侄女是个爱折腾的人，现在又佩服她了！"

高为名充满歉意地说："原来我认为，艺术市场可不像你们想的那么纯粹。画火了，大家都在吹捧她的勇气和眼光；但风向一变，她就成了众矢之的。我一直觉得市场不看真相，只看趋势。现在我明白,李莎的行为重新塑造了新的市场和趋势！"

莫莉语气温柔地说："没想到，你不明白则已，一旦明白比谁都清楚啊！"

高为名忽然兴奋："李莎这事儿鼓励也启发了我，你的那本书趁机要赶紧出来，我看好你现在写的爱丽莎的家族故事！

莫莉说："爱丽莎与梦露有缘，她十八岁时长得与《最后

的梦露》非常接近，样子还好说，就是她们气质中的那种妩媚下面的淡淡忧伤是与生俱来的。“

高为名：“听你说，我就觉得厉害了，赶紧回家写吧，我觉得以后一定有人会把你的书拍成电影。“

莫莉抬头看向窗外的夜空，沉默了片刻，然后悄悄转过头，望着高为名专注开车的侧脸，心中涌起一阵暖流。她轻声说道：“亲爱的，谢谢你对我的支持。如果没有你的支持，我恐怕没法子坚持把这本书写下去。”

高为名握了握她的手，语气坚定：“莫莉，永远别怀疑你自己。你讲的家族故事，一定会触动人心。”

车内再次恢复了宁静，只剩下流水般的吉他曲在车载音响里回荡，伴随着两人心中的默契与期待，车子平稳地驶向前方。

# 第十二章 收获的季节

## 一、纽约春天

### 老画家的画室

阳光洒满大都会博物馆的门前，和煦的春风拂过游客们的脸庞，空气中弥漫着春天的生机与活力。街头音乐家抱着电吉他，弹奏出柔美而动听的旋律，为熙熙攘攘的人群增添了一份温暖与惬意。

大都会博物馆的展厅内人头攒动，在一幅画前驻足的人们不断举起手机拍照。这幅画，正是曾经引发巨大争议的《最后的梦露》。它现在光明正大地挂在展厅的中央，成为无数人争相一睹的焦点。

尽管，纽约的媒体对此事件进行了详细报道，但老画家依然保持低调，拒绝接受任何采访。只有一件事例外。老画家接受了李莎作为他的代理人，策划未来的艺术展。对他而言，李莎理解他的内心世界，能将他的艺术理念传递给更多的人。

李莎终于来到老画家位于纽约上州的画室看画。老画家的画室位于纽约上州卡茨基尔山脚下，这座建筑的设计灵感来自于欧洲的一位名门望族的风格，散发着浓厚的历史感和地域特征。画室所在的区域以其广袤的森林和如画的山景著称，而这栋画室所在的庄园更是与周围自然环境融为一体，仿佛是从土地上自然生长出来的。

画室外观是一座古朴的联邦式建筑，红砖砌成的墙体和白色柱廊充满了 19 世纪的建筑风情。房顶的角度略显陡峭，映衬着卡茨基尔山区的云雾缭绕。门前的小径用鹅卵石铺就，两侧种满了本地特有的野花，随季节的变化呈现出不同的色彩。

画室的内部布局宽敞明亮，秉承了 19 世纪新英格兰地区建筑的实用性和美学特质。中央大厅是一片开放式的创作空间，地面由抛光木材制成，温润的触感与室外环境相呼应。天花板的木梁裸露，增添了几分乡村的质朴气息。

走进阳光洒满的画室，靠窗的位置，一张巨大的木制画架矗立在中间,那是老画家创作作品的地方。窗户采用了落地设计，可以直接欣赏到外面的森林与远山景色。阳光透过窗户洒进来，柔和的光线给画室增添了几分梦幻的色彩。窗台边，是老画家亲手制作的一排排白色木质书架，上面摆放着各色的颜料，一眼望去，像颜色的海洋，令人叹为观止。李莎注意到，这些颜料都是欧美油画颜料中最好的品牌，她忍不住倒吸一口凉气。李莎从小看她父亲画画，深知颜料的价格。她自己上美院后，花钱买颜料的时候也痛下过狠手，但是，她是第一次看到一个画室的花架上有这么多的优质颜料。

画室的墙壁上挂满了画作，色彩与笔触交织出恢弘的视觉冲击。靠近窗边的一角，挂着一两张老画家早年的作品，那是他在纽约初期创作的抽象画，充满了都市的张力与情感的冲撞。更多的画则是近年的新作，每一幅都气势磅礴，仿佛蕴藏着大自然的气息与时光的力量。李莎目不转睛地看着每一张画，仿佛置身于一座私人美术馆。

此刻，她明白了老画家为什么不愿意抛头露面。这个画室就像一个世外桃源，与外界的喧嚣隔绝开来，只有宁静的空气和原始的自然气息包裹着它。这不仅是一个创作的地方，更像是老画家的心灵庇护所,是他与艺术对话、探索自我的修行之地。

李莎的目光移到老画家的早期画作，仿佛被一股无形的力量吸引住。画布上的色彩充满了碰撞与和谐，那是纽约这座城市赋予他的灵感与张力，也流露出对江南故乡的深深眷恋。她看着那些画作，看到江南的小桥流水人家，如诗如画的柔美，与西方的夏娃、苹果和魔鬼象征的诱惑和冲突，在画布上讲述着一个跨越文化与时间的故事，营造出一种既亲切又陌生的情感。这种超越思维深层的表达，让李莎仿佛置身于一个没有语言的梦境中，感受到文化与情感的强烈共鸣。画中的力量不仅来自技巧，更来自于画家对两种截然不同的世界的深入理解与灵魂交汇。

如果老画家按照这种风格继续画下去，毫无疑问，他会成为当代艺术界的知名艺术家。然而，画中隐隐流露的却是另一种声音——一种无法安于现状的骚动和灵魂深处的呐喊。

“这些画作里确实有张力，但你看得出来，里面有太多别人的影子。”李莎想起老画家曾对她说的话。“如果我继续沿着这条路走下去，我也许能取得很大的成功。但那不是我的。

这些作品虽好，却缺乏我的灵魂。它们是在别人已经走过的道路上重复探索，而我，厌倦了这种没有独特性的方式。艺术对我来说，不应是为了迎合市场，而是开创自己的道路。即使这条路上孤独无伴，我也愿意走下去。一个人活着，就该与众不同，否则庸碌一生有什么意义？”

李莎的思绪瞬间飘回到外祖父莫先生的往事。在那个充满运动与压迫的时代，很多人选择了忍耐，哪怕日子过得像蝼蚁般卑微，也咬牙活了下来。然而，莫先生却选择了另一条路。他的举动，被认为是自绝于党和人民，但李莎却知道，那是他对时代的抗争，是一种坚持自我的选择。她不禁思索，老画家与外祖父是否有着相似的灵魂？一个以生命抗争，一个以艺术突围，二者的选择，都在传达一种对真实自我的追寻。

她凝视着老画家的画，心中生出一种深沉的理解。这些画不只是艺术的选择，更是一种人生哲学的显现。她意识到，世上的许多成就或许可以通过迎合来获得，但只有孤独而坚定的探索，才能真正触及灵魂的本质。

老画家隐世般的孤独创作与外祖父莫先生的人生抉择，在她心中渐渐重叠起来。他们选择了不同的道路，却都拥有同样令人动容的勇气和决绝。外祖父在那个无法容忍自由思想的年代，毅然选择了终结自己的生命，以此表达他的不满；而老画家，则选择了十六年的沉寂，孤注一掷地追寻属于自己的艺术语言。

李莎忽然意识到，他们的选择背后，都隐含着一种深刻的代价。莫先生以自己的生命抗争时代，而老画家则以孤独和时间为代价，换取灵魂的独立与艺术的升华。而她，作为后人，无法改变祖父的命运，却可以为老画家的坚持做些什么。或许，这就是为什么她当初在并不真正认识老画家的情况下，仅仅因为一幅画，就义无反顾地冒险，把周围的朋友都牵涉进来。

想到这里，李莎的心情复杂而沉重。难道，这一切是冥冥中的命运召唤？是家族血脉深处未曾断裂的连接，让她注定要完成这场精神的救赎？或许，她不是真的为了一张画，而是一种为了跨越时间与生命的回应，对灵魂自由的追求。

画室的一个角落里安置着一张老式长条木桌，上面放着中国墨宝和纸，让人想到老画家就是在这里每天研习书法。画室中间是一个古老的壁炉，冬天的时候常常会生起火，为画室增添温暖的氛围。壁炉的上方摆放着一面老式的铜制钟表，滴答作响，仿佛在记录时间的流逝。

画室背后还有一座小型庭院，通往一片茂密的树林。庭院里种植着高大的橡树和几丛薰衣草，空气中弥漫着淡淡的木香与花香。可以想见，老画家常常会在庭院的长椅上喝茶沉思，眺望树林背后起伏的黛色远山，与周边的静谧融为一体。

这座画室不仅是老画家创作的场所，更是一座沉淀历史与灵魂的艺术殿堂。它的设计既保留了传统的历史风貌，又融入了现代艺术家的个人风格。每一个细节都充满故事，是灵感与自然交汇的完美体现。

在老画家的书架上，李莎意外发现了一些珍贵的老照片：有老画家年轻时的身影，也有他的几个孩子从婴儿到成年的成长记录。照片里，老画家长发飞扬，挥舞着电吉他，站在灯光璀璨的舞台上摇滚的疯狂，还有他主持电视节目洋溢着青春的自信和狂妄，李莎在惊叹之中，忽然意识到，老画家竟然与她的小姨莫莉是同一代人。

通过这些照片和她对老画家的理解，李莎拼凑出一段跨越时间与空间的轨迹：老画家比莫莉稍早来到纽约，但之后又辗转于台湾、新加坡、北京和上海，最终回到纽约，开启了他艺术语言的全新篇章。莫莉则是二十多岁时来到纽约，从零开始，踏上了一条完全不同但同样充满挑战的道路。

李莎不禁陷入沉思，老画家和莫莉这一代人，恰好经历了中国社会最剧烈变革的时代。从文革的狂暴与破坏，到八十年代文学与艺术的复兴，再到经济腾飞的改革开放，他们的生命被裹挟在巨大的时代洪流之中。作为时代的见证者和参与者，他们既亲历了故乡的破碎与重生，又见证了西方资本帝国从工业繁荣走向网络与人工智能新时代的蜕变。

李莎想起莫莉曾对她说过的一句话："我们这一代人，夹在两个完全不同的世界板块之间。一边是充满复杂情感的故乡，经济腾飞，科技进步，但精神与文化仍受束缚；另一边是小时候遥不可及的'自由世界'，光鲜、快速、激烈，但内心的孤独无处不在。"这句话此刻仿佛在老画家的书架前重新响起，让李莎更加体会到他们这一代人的独特命运。

在纽约这片土地上，莫莉和老画家都找到了属于自己的"第二故乡"。他们与这座城市的关系，不只是简单的寄居，而是深刻的交融。纽约不仅见证了他们的奋斗与成长，也成为他们重新定义自我、释放创造力的舞台。作为两种文化、两种价值观的碰撞点，他们从中吸收了截然不同的营养，又在两种巨大的时代变革中独立思考，形成了属于自己的世界观。

李莎站在书架前，久久凝视着这些照片。她仿佛从中看到了一幅大时代的全景画卷，也看到了一种穿越时间的生命力。这不仅仅是两代人生活的片段，更是一种历史的延续和对未来的期许。她感受到一种深刻的力量——来自那代人的坚韧与执着，也来自他们在夹缝中依然寻找自由与表达的信念。这一切，正通过老画家和莫莉，与她的生命发生着奇妙的连接。

## 艺术基金

李莎终于实现了她的梦想，成立了自己的艺术基金，并正式迈入艺术投资与管理的领域。这个基金不仅成为她艺术理想的延续，也为她打开了一个全新的事业版图。

马丁成为她的第一个大股东，他利用华尔街的丰富人脉和投资经验，为基金引入了大量的资金支持。他不仅是一个投资伙伴，更是李莎事业的重要推手。在他的帮助下，基金迅速吸引了诸多潜在客户和艺术机构的关注。

莫莉和高为名作为最早的支持者，也毫不犹豫地加入了投资行列。他们不仅是家人，更是基金的忠实拥护者。高为名曾经调侃地跟李莎和莫莉说："既然你们这么热爱真正有价值的好艺术，我这个小小的私人侦探所也愿意投点资，支持你把艺术做成大生意。"

詹姆斯则带着一种特殊的热情加入了基金的投资。他希望通过实际行动支持李莎的事业，更希望通过这份共同的事业建立两人更深的情感纽带。他开玩笑地对李莎说："这是我最认真的投资，因为我不只是投资艺术，更是在投资你。"

在大家的支持下，李莎的艺术基金迅速崭露头角。每当看到基金会举办的展览，拍卖和筹款 gala 获得成功，李莎都站在灯光下，对着热烈的掌声说："这个艺术基金会属于所有热爱艺术、相信艺术力量的人。因为有你们的支持，艺术才得以延续，梦想才得以实现。"她的真诚和信念，总能打动在场的每一个人，让大家感受到艺术基金背后那份纯粹的使命感和无限的可能性。

## 抱得美人归

一个春日的夜晚，夜幕降临，大都会博物馆闭馆后的宁静笼罩着展厅，唯有灯光下的《最后的梦露》散发着柔和的光芒。詹姆斯牵着李莎的手，带她来到画作前。

“詹姆斯,我知道你为什么带我来这儿！”,李莎笑着说:“上次我们闭馆后来这里看私人展览时，我还跟乔纳森说《最后的梦露》值得挂在大都会博物馆里让人参观，没想到此时此刻，《最后的梦露》真的就挂在这里了。”

詹姆斯微笑地望着李莎说：“我记得你跟我说，水到渠成，我当时还不明白，现在我知道你是什么意思了！”

“什么意思呢？”，李莎娇嗔地问，眼神波动得流光溢彩。

詹姆斯神秘一笑，将她轻轻转过来，面对着《最后的梦露》。他的眼神中满是深情，仿佛要将这幅画的每一个细节都刻进两人的记忆。

忽然，展厅的灯光骤然亮起，熟悉的朋友、记者、大都会博物馆员工，手捧鲜花、蛋糕和气球，微笑着向他们涌来。

李莎还未从又惊又喜的感觉中回过神来，音乐开始缓缓响起。詹姆斯单膝跪下，拿出一枚钻石戒指，目光深情地望着她：“李莎，你是我一生的挚爱。你愿意嫁给我吗？”

李莎掩眼中流露着喜悦的光彩：“我愿意。”她的声音毫不迟疑。

掌声、欢呼声中，两人紧紧拥抱在一起。詹姆斯终于实现了自己的梦想——在《最后的梦露》前正式向心爱的女人求婚，抱得美人归。

大都会博物馆外面，春天的微风飘荡在曼哈顿灯火闪烁街头，带着花草初开的淡淡馨香。

# 二、纽约夏天

## 莫莉的婚礼

在纽约最美的夏天，莫莉与高为名在长岛的一个阳光明媚的花园举办了他们的婚礼，所有的朋友都前来参加祝贺。阳光下，彩色的气球随风摇曳，伴随着悠扬的小提琴旋律，婚礼甬道铺满了淡粉色和香槟色的双色花瓣。

作为高为名的伴郎之一，詹姆斯和雷欧一起站在高为名身边，看着李莎的父亲李教授挽着莫莉的手出现在婚礼的甬道上。

为了参加莫莉人生中的第二次婚礼，李教授和太太莫华飞到了纽约。老两口都非常开心，穿着盛装出席。

在婚礼前的庆祝会上，莫莉将《最后的梦露》这一传奇故事娓娓道来，姐姐莫华和姐夫李教授听后，皆感到无比震惊与动容。这个离奇又令人难以置信的艺术冒险，让他们仿佛置身于一个现代版的天方夜谭。

莫莉满怀感慨地说："如果没有高为名，李莎的梦想不可能实现，老画家的作品也不会被世界认识。更重要的是，我也不会完成那本关于爱丽莎家族的传记。《最后的梦露》不仅仅是一幅画，它是一种催化剂，它将我们的命运连结在了一起，也让我真正认识到，高为名就是我生命中的灵魂伴侣。"

她继续说道："高为名的行为让我明白，高能量的人将帮助他人实现梦想视为人生的本能。他让我成为了更好的自己，让我相信我的梦想是有意义的，我的故事是值得被讲述的。而他，就是那个让我感到自己被支持、被理解的人。"

李教授听完，目光中流露着激动。他缓缓开口道："太让人感动了，这才是真正的艺术精神。艺术的力量就是启发他人，帮助他们达到更高的境界。这样的信念和行动，才是艺术存在的最大意义。”

莫华也心有所感地说道：“这样的故事或许只有在纽约才能发生吧。当初，大都会艺术博物馆的建立，就是为了推动艺术的普及教育，为大众提供指导。现在通过你们的努力，这座博物馆再次展现了它成为世界级顶尖博物馆的原因，让人们重新认识到艺术的能量和价值。

婚礼上，李莎作为莫莉伴娘之一，也打扮得异常漂亮。她和另一个伴娘朱莉亚穿着淡粉色的长裙，站在捧着香槟色及粉色玫瑰捧花的莫莉身边。

在摄影师的镜头下，穿着奶白色婚纱的莫莉与身穿灰色西装，上衣领口别着双色玫瑰花的高为名深情对望，随着牧师的祝福，浪漫相吻，喜结良缘。

当莫莉背对宾客抛出捧花时，花束在空中划过一个优美的弧线，最终落在李莎面前。詹姆斯眼疾手快接住花束，微笑着递给李莎：“看来这就是命运使然。”李莎忍俊不住，轻轻点头。

在人们的欢声笑语中，莫莉与高为名翩翩起舞后，李教授夫妻，詹姆斯李莎，乔纳森和朱莉亚，Lee 夫妇，还有各色宾客等都开心起舞。

这是一个令人欢欣鼓舞的场面，将永远雕刻在每一个人的记忆中。

## 畅销书

夏天来到了曼哈顿岛，到处一片鲜花和嫩绿组成的画面。在市中心一家宽敞明亮的书店里，各色畅销书一摞摞摆在一个书桌上，《最后的梦露》赫然出现在中心地位，这就是朱莉亚的最新出版的小说，用文学的手法阐述了这幅画被偷拿进又想偷拿出大都会博物馆的全过程，以及各种参与人物的故事。

在新书首发签署仪式上，长长的队伍排在书店前，等待着朱莉亚的签售，李教授夫妇、李莎、莫莉及其他朋友们都排在队伍中向前缓慢挪动。

乔纳森笑着说道："朱莉亚早就给你们留了书，真没必要排队。"莫莉微笑着回应："我们排队是支持，也是见证她的努力和成功。"

李教授跟李莎说："我也被《最后的梦露》这个故事感动，决定留在纽约跟你的艺术基金会一起做艺术，把像老画家那样的好艺术家都拉到你的基金会里，说不定，我们有一天会在这里也成立一个自己基金会的当代艺术馆呢。"

莫华叹道："真是有其父，必有其女啊！"

优美独特的吉他曲如水般响起,李莎听到,马上四处张望着。乔纳森说："我把音乐家请来弹奏几曲给大家听。"李莎望向书店门口望去，果然，那位常常在大都会博物馆前弹奏的音乐家此时坐在门前正在弹奏他的吉他曲。流水般的乐声注入到行人的耳中和心间。

李莎怔了一下，眼前浮现出《最后的梦露》画面，一格格笔触和色彩如此清晰，幻化成作品远景时，又是那么和谐。她忽然有了主意。

# 三、组约秋天

## 别具匠心的个展

秋天，是纽约最美的季节，到处都是红黄色的树木盛开的叶子组成的景色。在曼哈顿下城的一家著名画廊中，灯火辉煌，杯觥交错，人们都沉浸在开幕式带来的美好时刻。

画廊墙上的各色画作颜色都漂亮夺目，远看是景色与人物的写实，近看，却是书法般的块块组成的斑驳陆离的油彩海洋。这正是李莎为老画家组织安排的一场个展。

展览空间里，飘荡着带着东方情调的吉他独奏，乐声舒缓宁静地充斥着空间的每一个角落，与墙上的画作融合在一起，充满意境。

展览入口处，一块白色的木板上贴满了香蕉，边立着一个小牌子，上面手写的："二十五美分一个，一美元四个。"

几个参观者围着木板，不禁笑出了声。"这是搞行为艺术吗？"一个年轻人问，语气里透着不解。

有个人拿出五美元说请大家吃香蕉，于是一帮人嘻嘻哈哈的开始一边吃香蕉一边聊天。

"我觉得是在嘲笑那个花 680 万买一根香蕉的人吧。"另一个参观者摇着头，笑着回应，"这是在讽刺艺术市场的荒谬。我喜欢这种带有反讽意味的行为艺术。说实话，香蕉的实际价值就应该是这个价。艺术很美好，但那些明摆着羞辱观众智商的所谓作品，真让人反感。"

"对对对！"一旁穿着时尚的年轻女子附和道，"一根香蕉卖 680 万，简直是疯了。据说那个买家还想让埃隆·马斯克把这根香蕉送上太空，结果被彻底拒绝了。这种人简直神经病！"

“神经病和艺术家之间有什么区别吗？”另一个男孩调侃着问。

时尚女子坚定地说：“当然有区别！区别就是作品有没有美感！艺术品应该让人感受到一种美，而不是为了炒作名气。”

“可是不管怎么说，那艺术家和买香蕉的人都出名了。从个人宣传的角度看，这件事算是成功的吧。”旁边有人插话。

“可问题是，名声应该有正面的能量。真正好的艺术，名声是因为作品感动了人心，而不是用荒谬的方式吸引眼球。”女子反驳道。

另一位年长些的参观者点头附和：“君子爱财，取之有道。名声也是一样，光靠不择手段出名，那根本算不上高尚，简直是有点无耻，特别是以艺术之名。”

这群人围着木板七嘴八舌地讨论着，声音此起彼伏，连是谁在说话都分辨不清，但气氛却热烈非凡。

站在一旁的马丁，听着大家的激烈讨论，脸上露出了几分笑意。这群人没有端着高高在上的姿态假装深沉，而是畅所欲言地表达对艺术的真实看法。马丁突然觉得，原来艺术也可以如此有血有肉，有情感和温度。他想起自己多年来疏远艺术圈的原因——他受够了那种装腔作势的氛围。每次去画廊，总有人站在作品前高深莫测地说：“我能感受到艺术家的痛苦。”马丁觉得自己好像是那个“局外人”，不被理解也不被接纳。

这次不同，大家的直白让他感受到了艺术的另一面。他也情不自禁地加入讨论：“说实话，我看了那个华尔街关于香蕉的报道后，就像吞了一只苍蝇一样恶心。艺术本来是很美好的东西，为什么一定要弄得这么荒谬？艺术不需要什么‘懂不懂’，喜欢就是喜欢，不喜欢就是不喜欢。这才是真实的感受，不是吗？”

他的声音不大，却引来周围人点头称是。马丁突然意识到，艺术原本的力量正是源于这种简单而纯粹的交流，而不是被“圈内规则”束缚的伪装。想到李莎曾对他说过的话：“艺术就像音乐，没有高低之分，只有直觉和感受。”他顿时豁然开朗，从这个老画家的展览和人群的讨论中，重新找回了对艺术的热爱。

“我觉得那些香蕉之类的所谓艺术都只是《皇帝的新装》而已！”马丁说道。

正在和画展策展人桃花交谈的李莎听到关于香蕉的议论时，转过头来，嘴角露出一抹意味深长的笑容。

詹姆斯悄悄走到她身边，小声道：“这是你的主意吧？不错，我喜欢！”

李莎轻笑说：“在艺术上，这也是一个表态！对我来说，香蕉只值这个价，而真正的艺术在这里。”她指了指周边墙上老画家的作品，语气坚定。

镜头慢慢拉远，画廊里的人们在画作和香蕉之间穿梭，构成了一幅耐人寻味的画面：墙上的艺术与木板上的香蕉形成鲜明对比，象征着艺术市场的荒谬与现实的反思。

远处宾客间，似乎看到李莎和桃花身边站着一个气度非凡的老画家，但镜头还未聚焦他的真面目，一闪就不见了。到了，老画家还是不喜欢这样的热闹场面，闪身走了。

参观者们停留在展厅的正面大墙上，上面挂着一张大幅的女子头像，画的正是李莎的外婆爱丽莎，带着四十年代沪上美人具有的风采和气质。在悠扬的吉他曲中，随着镜头的推进，爱丽莎的形象越来越近，形象轮廓却越来越模糊，一块块方形的油彩及书法般的笔触却越来越清晰，鲜艳不可方物。

画廊里的参观者纷纷在这个超越历史时空的美人前面驻足，猜测着她到底是谁。有人在看这幅画边上挂着的作品介绍，白色的贴牌上已有一个红色的圆点，标志着这幅画已经被收藏。

李莎站在爱丽莎画像的对面，隔着涌动的人流，感慨万千。终于，她思念的外婆爱丽莎作为一件艺术品再次复活，呈现在公众的眼前，她所生活过的时代，经历的人生故事以及历史大背景的变迁都在这幅当代艺术作品的一块块油彩的晶莹剔透中，在人物散发的气场里留下蛛丝马迹。再过百年，这一代人将不复存在，但艺术品却会流传下去，传承一个家族的历史，及艺术承载的魅力，就像克利姆特画中的金衣女人（lady in gold）一样流芳百世。

“请问”，有参观者正在画廊一侧的艺术品商店里问销售的工作人员：“画展里面播放的音乐是哪位音乐家的？”

年轻的女孩笑说：“我也不清楚，但我们这里正在出售他的唱片，就在那边的架子上，如果你感兴趣，可以去那边买。”

参观者闻听，兴冲冲地去买唱片了。

詹姆斯走来跟李莎说：“你真厉害，把街头音乐家的音乐与老画家的画配在一切，不仅一举两得，帮助了两个艺术家，这种配合出来的感觉也是天衣无缝，非常有沉浸感。”

李莎：“因为音乐是即时的、流动的，可以在街头自由传播，不会因商品化而失去灵魂；而绘画需要沉淀和孤独，才能实现艺术的永恒性。”

詹姆斯像发现新大陆似的说：“哎，你不觉得他们两个人的画与音乐完全是天生一对，地造一双吗？感觉就好像为彼此创作的，如果不说，我还以为是一个人创作的！”

李莎听了心里忽然一震。她忽然想起为了画展，前去乡下农场拜访老画家，在他空无一人却挂着他的作品的画室内，也听到类似的音乐在室内飘荡。不可能这么巧合，大家都认识同一个音乐人，喜欢同样的音乐吧？

她垫脚跟詹姆斯耳语着什么，詹姆斯脸上的表情也是从惊讶到同意地变换着。

## 《寻梦上海》出版了

在艺术商品店的书架上,放置着各种待售的艺术书籍,其中,放在主要位置的一本书的封面最引人注目。那是爱丽莎早年的照片，标题是《寻梦上海：一个俄国犹太后裔的上海往事》，作者莫莉。终于，莫莉关于爱丽莎往事的非虚构书籍出版了，里面有家族的黑白照片，爱丽莎的素描和霞飞路附近的街道水彩画，爱丽莎的日记碎片，甚至莫莉年轻时和李莎小时候的照片，讲述了历史大背景下小人物无法掌控的命运中的悲欢离合，爱恨情仇。

几个喜欢画廊墙上那位迷人却陌生的四十年代美女的参观者，此时发现了这本书，马上翻阅起来，议论纷纷。

“别说，画的真像啊”，一位读者说，指的是老画家画的那副肖像画。

“我觉得那幅画真厉害，画出了爱丽莎有点迷惘和期待的感觉，甚至还有点悲哀。”

李莎忍不住拉着莫莉走上前去，把莫莉介绍给他们说：“我们很快就会组织一个新书座谈会，让作者与大家见面聊聊爱丽丝的时代故事。”

那几个参观者都兴奋起来：“太好了，届时通知，我们一定来参与！”他们赶紧去画廊的前台登记自己的姓名和通信地址。

望着他们兴高采烈的背影，李莎对莫莉说：“想不到你的书终于让真正的爱丽莎面世了。”

莫莉：“虽然我的书没有像朱莉亚那样成为畅销书，但是，能够写完出版，也是我的最大心愿。”

李莎：“难道你还不知道，好的艺术是不需要艺术界推崇的。你的书也是，虽然目前小众，但书评都是五星，迟早会进入排行榜的。”

一边的高为名听到此时马上说：“李莎你还不知道吧，这本书已经被好莱坞一个导演选中，准备拍成故事片，那时，你小姨就是名人了！”

莫莉带着微笑责备他：“你看你，这是李莎组织的老画家的第一个个展，你就借机别夹带私货了。”

高为名有点不明白：“什么夹带私货？”

马丁急冲冲地插话对莫莉说：“我们基金会要买下你的那本书的版权，也要投资这部电影！”

高为民马上站在老婆前面对马丁说：“那你要跟我谈判才行！”

莫莉白了两个人一眼说：“你们啊，就知道挣钱，文学艺术哪里是你们懂得的啊！”

李莉上前开心地拥抱莫莉说：“太好了，祝贺！我们基金会要投资的艺术家一下子又多了一个！”

不过，李莎跟莫莉说：“电影音乐制作人我都替你想好了，一定要用他的音乐。”

莫莉问：“你是说那位街头音乐家吗？我觉得他的音乐与爱丽莎的时代很配，有强烈的怀旧感。”

朱莉亚，乔纳森和詹姆斯走过来，听到莫莉的人话，都相视一笑。很显然，他们都知道李莎告诉詹姆斯的耳语内容。

## 梦露电影

纽约的一个秋光明媚的下午，一群好友聚集在布鲁克林的东河公园野餐，远处的曼哈顿天际线在阳光下闪烁成水中的光纹。李莎把街头音乐家也邀请来了，他坐在草地中间，弹奏着悠扬的吉他曲。周边，一圈人把他围着，忘情地听他弹奏。

这时，一个陌生的年轻人走到李莎的朋友们的身边，微笑着对朱莉亚说："你好，能打扰一下吗？"

朱莉亚好奇地抬头："当然，欢迎你与跟我们一起野餐，反正我们这边食物、酒水足够。"

年轻人礼貌地自我介绍说说："我是老画家的儿子，我是拍电影的，刚从亚洲拍片回来。刚刚看完你的书《最后的梦露》，真的非常感动。我想告诉你一个消息，我们团队筹划拍摄的下一部电影，就是基于你的这本书《最后的梦露》。"

所有人都愣住了，不敢相信这样的缘分使然。李莎挑眉笑着说："这部电影讲述的就是我们这段'惊心动魄'的经历？"

年轻人点点头，眼神中带着些许神秘："不仅如此，我还想加入一部分你们不知道的细节。我父亲当初之所以16年不画画，最初为的就是能够挣钱，让我们上好学校。在这个过程中，他意外发现了新的艺术语言。2010年，他以现在的绘画语言重回艺术。所以，在我眼里，他是真正的艺术大师——True Master of Fine Art。"

大家听了，异常感动，议论纷纷……

朱莉亚说："其实，这就是这部电影最好的结尾啊！"

年轻人微笑地对朱莉亚和李莎说："谢谢你们对我父亲的支持和帮助。没有你们，我父亲此生或许看不到他的艺术今天也终于挂在大都会博物馆里了。"

詹姆斯、乔纳森和高为名不甘示弱地笑着补充："还有我们呢！"

年轻人笑：当然，你们都是我电影中的英雄主角。

说完，年轻人站起身告辞。他转身走向远处正在弹吉他的街头音乐家，站在他身边。正好一曲终了，父亲抬头望着儿子，脸上浮动着我们熟悉的笑靥。

此时此刻，大家才恍然大悟，原来那位他们早已熟悉的街头艺术家就是老画家啊！难怪，他的音乐与他的艺术如此般配。

随着音乐的飘扬，镜头慢慢拉远，听音乐的人群开始模糊，而李莎的近景凝视逐渐变得清晰。她把目光从艺术家父子俩身上收回来，举杯对大家说："为我们的缘分，为我们坚信艺术的美好干杯！一年前，我们绝对想不到今天，缘分把我们牵到一起，让大家都找到了人生的目标和道路。"

乔纳森插嘴说："……还有爱情。"

李莎的父亲举杯感叹说："感谢大家对李莎的照顾和支持。她能在纽约建立自己的第二故乡，就像她的祖母爱丽莎家族在上海建立第二故乡一样。"

莫华与莫莉相视而笑，莫莉说："爱丽莎的故事还在纽约继续。当初，她没有能够来到纽约与家人团圆，但今天，通过李莎，我们以及《最后的梦露》这幅画带来的传奇，终于在纽约团聚，是艺术的魅力把我们带到一起！

詹姆斯笑道："最后，让我们为《最后的梦露》干杯，没有这幅画，也没有我和李莎的今天，更没有我们这帮人的疯狂友谊。”

莫莉大笑着说：“俗话说敢拼才会赢！”引起大家一阵哄笑。

欢声笑语中，时光飞逝，就像我们生命中的每一个日子，日月晨昏，朝花夕拾，上映着不同的艺术、友谊和爱情的故事。

## 四、纽约冬天

一年之后的冬天，漫天飞雪，曼哈顿已经是一片节日的气氛，到处张灯结彩，充满了节日的欢乐。时代广场上霓虹灯交织，商店橱窗里布满了节日装饰，熙熙攘攘的人群带着微笑，沉浸在冬日的欢乐中。

一家电影院前排起了长队，人们裹着厚厚的外套，手持咖啡，兴奋地交谈着。影院门口的海报《最后的梦露》首映。

电影院大厅里，李莎、詹姆斯、朱莉亚、乔纳森和莫莉一行人站在角落里，默默注视着观众们排队入场。每个人脸上都洋溢着一种复杂的情感：既有喜悦，也有感慨。

“谁能想到，当初那场疯狂的行动，居然能成就今天的电影。”詹姆斯打破了沉默，语气中带着一丝自豪。

“是啊，”李莎微笑着：“《最后的梦露》不仅改变了我们，也让更多人明白了艺术的真正价值。”

朱莉亚骄傲地说：“没想到，我的书竟然成了电影，这种感觉真是不可思议。”

这时，老画家的儿子，年轻有为的电影导演走过来，微笑着对他们说：“谢谢你们前来观影。我父亲在家已经激动得热泪盈眶了。”就像这位年轻的导演在开幕式上说的那样：“这部电影想告诉人们的就是，真正的艺术终究会找到属于它的舞台。”

大家都听了都深感赞同。在渐渐暗下来的影厅，随着电影开场的音乐，他们仿佛又回到了前一年的经历之中。

电影结束后,大家走出影院。李莎抬头看着雪花在空中飘落，低声对詹姆斯说：“我想爱丽莎会为我们骄傲的。”

詹姆斯微笑着搂住她：“她一定会的。还有老画家的音乐也一直陪着我们。”

远处的灯光洒在雪地上，映出几人的背影，渐渐远去。影片的主题曲悠扬响起，镜头缓缓拉远。

# 尾声

### 彩蛋 1：马丁的艺术基金

镜头切到华尔街的一间办公室，马丁正对着一群投资人侃侃而谈："这不仅是一幅画，它是一种投资未来的机会。我们的基金会将改变当代艺术的投资规则，创造全新的价值链。"

他的手机震动了一下，弹出一条新闻推送：《最后的梦露》登顶票房排行榜。

### 彩蛋 2：街头音乐家

纽约街头的春天，街头音乐家正弹奏一首悠扬的曲子。突然，一群粉丝围了上来，争相与他合影。

"天哪！这就是电影配乐啊！"一位粉丝惊呼。

音乐家被包围时，仍然低头弹奏，丝毫不为外界所动。

一曲弹闭，面对粉丝的签名要求，他说："我只是个街头艺术家，又不是明星？”

这时，有人递给他一个名片说：“我们想为你的音乐举办一场个人演奏会，主题就叫《江南》。”

## 彩蛋 3：艺术幽默

高为名的办公室中，他正兴致勃勃地给大家展示着一幅白色画布和画框，上面空空如也。

“各位，这是我们下一次展览的主打作品《艺术的虚无》。一幅什么都没有但是却存在的画，告诉人们，艺术的意义在于想象！”高为名自信地宣布。

突然，他的助理轻声提醒：“老板，这可能不如《最后的梦露》火。”

高为名愣了一下，摸着下巴若有所思：“那就加根香蕉吧。”

大家哈哈大笑，原来高为名也挺幽默的。

## 彩蛋 4：《最后的梦露》

大都会博物馆的馆藏仓库，《最后的梦露》正被小心翼翼地装进一个特殊的运输箱。

“哎，这是去哪儿？”有人问。工作人员一边封箱一边说：“卢浮宫，准备临时取代正在修整之中的《蒙娜丽莎》。”一旁的人接话：“哇，这说明，它已经成了世界上最著名的画作之一啦。”

画中的梦露依旧挂着若有若无微笑，仿佛看穿世界上的一切。

## 彩蛋 5：朱莉亚新书

朱莉亚的书房里，她正在为新书敲下最后一个字。

标题赫然是：《从梦露到永恒：艺术、信念与爱》。

她松了一口气，端起咖啡，正准备享受片刻的宁静时，手机突然响起。电话那头是她的出版社编辑。

“朱莉亚,你的书被改编成电视剧,拍摄计划已经启动了！”

朱莉亚愣了一下，自言自语：“看来，故事真的没有终点。”

## 彩蛋 6：意外的礼物

镜头切到一个阳光明媚的河边花园，背景是曼哈顿的天际线，装饰着粉白玫瑰和绸缎的婚礼拱门前，李莎身着一袭优雅的象牙白婚纱，挽着父亲的手臂缓缓步入婚礼场地。詹姆斯西装笔挺，站在拱门下等待着她，脸上洋溢着幸福的微笑。

伴随着浪漫的音乐，来宾中闪过我们熟悉的面孔：朱莉亚、乔纳森、高为名、莫莉……

乐队为婚礼演奏了一首特别的曲子——正是《最后的梦露》电影的主题曲。

婚礼的高潮时刻，正当宾客们举杯欢庆时，一个大箱子被几个穿着制服的搬运工抬了进来，吸引了所有人的目光。箱子上系着金色的缎带。

李莎在詹姆斯的陪伴下缓缓解开缎带。所有人的目光都集中在她身上，连孩子们也忍不住踮起脚尖张望。当箱子打开时，李莎怔住了，双手掩口，眼眶禁不住泛红。

箱子里，是一幅巨大的油画，近看是一块块炫目的色彩组成的“书法体”方块，远看才看清原来是十八岁的爱丽莎在上海拍摄的肖像，一看就知道是老画家的杰作。

这幅画看来如此熟悉，原来就是前一年，我们在老画家的个展中看到过的。

莫莉微笑着上前，轻声说道："这是老画家和我们几个送给你的礼物。她指着身后的几个人，李莎父母，高为名和莫莉，还有一个人，那就是电影导演，代表老画家而来。

也就是说，老画家特意以意想不到的友情价格出售，李莎的亲朋好友一起买来送给她的结婚礼物。"

李莎的泪水夺眶而出，激动地说："上次我看到一个红点，知道画作已经出售，却没想到原来是你们买的，一直瞒着我！"

詹姆斯说："老画家和我们要给你一个惊喜，感谢你付出的一切。从现在起，这幅画就是我们的传家宝，和我们一起见证未来的日子。"

此时，画面拉开，宾客的笑声与曼哈顿天际线融为一体。李莎手中举着香槟，微笑着望向远方。

## 作者注释

《最后的梦露》是一幅由华裔艺术家石村创作的油画。作品采用独具一格的艺术语言“石村块”创作完成，将抽象与具象巧妙结合，用一块块书法笔触的色彩方块组成了一幅梦露的画作，让人印象深刻，过目不忘。《最后的梦露》独树一格的绘画语言和创作方式启发了这篇小说的创作，成为故事中值得大家冒险偷进博物馆的关键诱因。

本书为虚构作品。除非另有说明，书中所有名称、人物、企业、地点、事件和情节均为作者虚构或以虚构方式创作。如与现实中的人物、真实事件的相似之处，纯属巧合。

—完—

www.ingramcontent.com/pod-product-compliance
Lightning Source LLC
Chambersburg PA
CBHW021715190726
48289CB00008B/2536

* 9 7 8 1 9 5 3 9 0 3 1 6 7 *